刀水歴史全書 90

アステカ王国の生贄の祭祀

血・花・笑・戦

岩崎 賢 著

刀水書房

最初の人間たちは
悪い果物などありえないと考えていた。
……あらゆる果物が大地の血であり、
その血を吸いあげる樹によって
甘いと酸っぱいの差があるにすぎない
と考えていた

――アストゥリアス『グアテマラ伝説集』（1930年）

刀水歴史全書90

アステカ王国の生贄の祭祀

血・花・笑・戦

目次

装丁　的井　圭

アステカ王国の生贄の祭祀　血・花・笑・戦

序　古代メキシコとの出会い

一九九三年の夏、大学三年生の僕は、メキシコ市近郊にあるテオティワカン遺跡の「死者の大通り」を、とぼとぼと歩いていた。テオティワカンは紀元五世紀頃にもっとも繁栄した、古代メキシコ（メソアメリカ）最大の都市国家である。「死者の大通り」は南北五キロに伸びる大通りで、僕はその南端の「羽毛の生えた蛇の神殿」があるあたりから、北に向かって歩き始めた。前方右手には、高さ六五メートルの巨大な「太陽のピラミッド」がそびえたっている。そして前方正面、はるか大通りの北端には、「太陽のピラミッド」よりやや小さい「月のピラミッド」が見えている。

太陽に照りつけられ、乾燥した風に吹かれながら、この道を歩き続ける。正面の「月のピラミッド」は、近づくにつれて少しずつ大きくなっていく。歩きながら、つぶやいていたかもしれない。「どうしてなんだ？　どうして、こんなものを、この地に生きていた人間は作ったんだ？」しかし、この問いを口に出してみても無意味だ。この巨大都市は千年以上も前に滅び去り、もはやこの問いに答えてくれる古代人は、ここには一人もいないのだから。

その翌日、僕はメキシコ市にある国立人類学博物館の中にいた。ラテンアメリカ最大級のこの博物館には、オルメカ、テオティワカン、マヤ、オアハカ、アステカなどの古代遺跡の発掘物や復元模型が展示されていて、一〇以上もある展示室をすべて見てまわるには少なくとも三日は必要だ。テオティワカン室には、きのう訪れたテオティワカンの「羽毛の生えた蛇の神殿」の巨大レプリカが展示してある。その表面は彩色が施されていて、実際に見た遺跡のピラミッドよりも壮麗な感じがする。テオティワカン室から中庭をはさんで反対側には、マヤ室がある。この部屋の数多くの展示物の中でとくに目を引くのは、パレンケ遺跡で発見された王墓のレプリカだ。それはエジプトのツタンカーメンの墓に負けないくらい美しい。またこの展示室の外庭にはユカタン半島の熱帯植物が植えられていて、その緑の合間にマヤの神殿のレプリカや石碑が建てられている。ここにいると、なんだか映画「インディ・ジョーンズ」の主人公になったような気分だ。

各展示室には「古代世界のロマン」といった言葉がぴったりくるような、どこか明るい雰囲気が漂っている。……しかし、博物館の一番奥まった場所にあるアステカ展示室は違っていた。それは他の展示室よりも薄暗い感じがした。入ってすぐの場所、黒光りする床の上に、とぐろを巻いた巨大な蛇の像が置いてある。その近くには、目を丸く見ひらき、歯をむき出しにして、鋭いカギ爪をこちらに向けた女神の像が数体、立ち並んでいる。ガラスケースの中には、生贄の祭祀に用いたという黒曜石のナイフが並べられている。それらのナイフには、ぎょろりとした目と、笑っているような歯がたくさんついている。そして壁には、人の体から心臓を取り出している様子を描いた古代絵文書の一場面が、パネルにして展示してある。洞窟内部のような空間をさまよって、やがて目の前に現れるのは、巨大な「女神コアトリクエ」の石像だ。背丈が三メートルもあろうかというこの女神像は、顔の部分が二匹の蛇の頭部で造形されている。足はカギ爪のついた爬虫類の足みたいだ。腰には、からみ合った蛇でできたスカート、そして胸には、二つの生贄の心臓、四つの手のひら、一つのドクロからなる、巨大な首飾りがかけられている。——そのとき僕は、戦慄に襲われながら、ふたたび前日にテオティワカンで発したような問いを繰り返していた。「……なんなんだ、これは？」。

このとき僕は、二一歳。そもそもこの旅の主な目的は、南米のボリビアとペルーを訪れることだった。メキシコは南米を訪れるついでに立ち寄った場所に過ぎなかった。当時、僕は大学のフォルクローレ（アンデス地方の民衆音楽）の同好会に入っていて、一度、本場の音楽や踊りを見に行こうと、友人たちとこの旅を計画したのだった。この旅で得たものは多かった。中南米に詳しいチャランゴ

（アンデス地方の弦楽器）演奏家の福田大治が案内役として同行してくれたおかげで、僕らは各地でとても濃密な体験をすることができた。僕らはプロの音楽家たちの演奏を聴き、孤児院を訪れて演奏をし、ポトシ鉱山の内部を歩き、先住民の村を訪れ、その祝祭の様子を目にし、村人の結婚式に参加し、トウモロコシで出来た地酒を飲み、ふらふらになるまで踊った。また、中南米社会が抱える矛盾と、そうした矛盾の中にあって強く朗らかに生きようとする人々のことを知った。

しかしこの濃密な旅において、僕にその後の人生の方向を決定するような影響を与えたのは、古代メキシコの宗教的世界との出会いだった。むろんこの旅に出る前から、古代メキシコに関して最低限のことは知っていた。テオティワカンには巨大なピラミッドがあること、アステカ人は太陽に人間を生贄として捧げていたこと、マヤ文明は密林に栄えた高度な文明であること、ガイドブックや概説書には一通りの説明が記されていたけれど、それらはとくに僕の心に強い印象を残さなかった。「ふうん、そうなのか」。そのときは、それくらいの感想だったと思う。

ところが、実際にテオティワカン遺跡を訪れたとき、あるいは博物館で古代の神々の像や遺物を目にしたとき、それまで味わったことのないような感覚に襲われた。僕はそこで、巨大なピラミッドのある古代都市に生きた人々、人間の心臓を神々に捧げた人々、コアトリクエの像を崇めていた人々の存在を、リアルに感じとった。しかし同時に僕は、そうした人々を、まったく理解できなかった。この古代メキシコの人々は、現代という時代に、日本という場所で生活する大学生の自分とは、あまりにも異質な存在だった。そのくせそうした人間たちは数百年以上も前に、この地球上に、たしかに存在していたのだ。

僕はそのとき、この古代メキシコの人間たちのことを知りたい、分かりたい、という強い欲求を感じた。なぜだろう。ふりかえってみると、僕は小さな頃から、心の中に、何ともいえぬ寂しさのような感情を宿していたように思う。寂しさ——この世のどこかに《ほんとうの世界》がある、しかし自分は、そこから遠く離れてしまっている、というような感覚——。九州の田舎から関東の大学に進学したのも、第一の理由は、自分の生まれ育った場所から遠い場所に行きたい、そして自分の見知らぬ様々な土地を訪れたい、という気持ちがあったからだ。そして今、二一歳の僕は、日本からはるか数千キロ離れた場所までやって来て、さらに五百年・千年の時間を超えて、古代メキシコの人間たち（が残した様々なもの）と出会っている。もし、この人たちのことが分かれば、今とは違った存在になれるかもしれない——そんな直感を持ったのだと思う。

それから帰国して、古代メキシコやアステカ人に関する概説書を読みあさった。しかしほとんどの本は、僕を「分かった」という気持ちにはしてくれなかった。ならば、自分自身で「どうして？」に対する答えを探し出すしかない。幸いにもこの頃、僕は大学で、宗教学者の荒木美智雄という人と出会っていた。二〇世紀最大の宗教学者とされるM・エリアーデの弟子であるこの人は、その情熱的な授業の中で、「アステカ人を分かりたい」という僕の渇望は、つまるところ「宗教的人間を理解すること」あるいは「宗教現象を解釈すること」への渇望であることを認識させてくれた。こうして僕は大学でアステカ文明と出会い、宗教学と出会い、それ以前は考えてもみなかった学問の道を歩むことになった。

あの中南米の旅から約二〇年後の今、僕は本書を世に問おうとしている。この本で僕は、一六世紀前後に作成されたスペイン語やナワトル語（アステカ人が使用していた言語）の文書、考古学的遺物や絵文書、さらには現代メキシコ先住民の民族誌的資料などを駆使して、アステカ人の宗教的伝統の核心部といえる供犠《くぎ》（生贄の祭祀）の理解を試みる。さて、この本を二一歳の頃の僕に手渡して最後まで読んでもらったとして、彼はいったい何と言うだろうか。

「分かった！」それとも「どうして？」

第一章　アステカ人の供犠と宇宙論

1　メソアメリカとアステカ人

メソアメリカとは今日のメキシコのほぼ中・南部と、グアテマラ、ベリーズ、エル・サルバドル、ホンジュラスなどを包含する文化的地域区分である。そこでは数千年にわたる地域内の諸民族集団による社会的・経済的交流の結果として、特定の宗教的要素（トウモロコシを基本とした農耕文化、三六五日周期の太陽暦と二六〇日周期の祭祀暦の併用、いわゆる「儀礼的球技」の存在、二元論的な宇宙論など）が共有されていた。

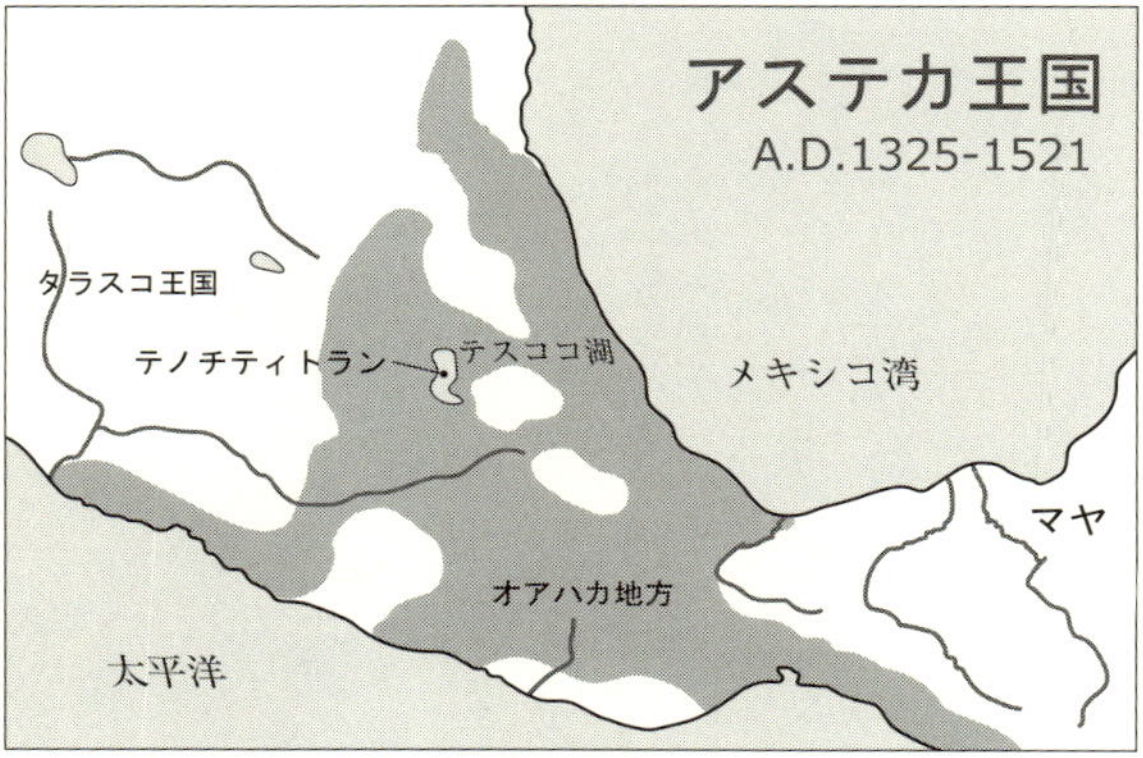

図1　アステカ王国の最盛期の勢力範囲

メソアメリカは時代的に大きく三つに区分される。すなわち、メキシコ湾岸を中心に、基礎的な文化要素が出現し始めた先古典期（前二五〇〇～後二〇〇）、中央高原のテオティワカンやマヤ地域のティカルなど、高度な都市文明が出現した古典期（後二〇〇～九〇〇）、そして、北部を中心に大規模な民族移動が起こり、文化的・社会的に戦闘的な要素が強くなった後古典期（後九〇〇～一五二一）の三つである(1)。

アステカ人は後古典期の末期、すなわち一六世紀のスペイン人による征服直前に、メキシコ高原中央部（今日のメキシコ市一帯）に、最盛時には二〇万以上の人口を擁していた都市国家テノチティトラン（紀元一三二五～一五二一）を築いた民族である。

そもそもアステカ人は、一〇世紀以降に北部の半乾燥地帯から移住してきた「チチメカ」と呼ばれる集団の中の、一部族に過ぎなかった。しかし一四世紀初頭にテスココ湖

図2　テノチティトランの想像画　島の中央部の「テンプロ・マヨール」から4本の大通りが伸びる（メキシコ国立人類学博物館）

地域に定着すると、有力な都市国家に従属しつつも次第に優れた戦闘集団として頭角を現し始め、一五世紀中葉のイツコアトル王の時代、さらにモクテスマ・イルウィカミナ王（モクテスマ一世）の時代の勢力拡大を経て、活発な征服の戦いによって周辺の民族集団を次々に支配下に置いていった。そしてスペイン人征服者らの到来時のモクテスマ・ショコヨツィン王（モクテスマ二世）の時代には、今日のメキシコ領土の南半分、オアハカ地方を含むメキシコ湾から太平洋岸までの地域、さらに南にはマヤ地域の一部まで至る、メソアメリカの広い地域に影響力を及ぼすに至った。これが、いわゆるアステカ王国である（図1）。

2　アステカ王国の都――テノチティトラン

テノチティトランはアステカ王国の政治的・経済的・宗教的中心であった。それは湖上の小さな島を拡大して造られた都市であり、内部は中心から伸びる四つの大通りによって大きく四つの地区に分けられていた。その規模の大きさや整然とした都市設計は、当時のヨーロッパの大都市と比べても遜色のないものであった（前頁図2）。

スペイン人征服者の一人であるディアス・デル・カスティーリョは、一五一九年の一一月八日に、モクテスマ・ショコヨツィン王と会見するために初めてこの湖上都市へ入ったときに目撃した街の様子を、次のように回想している。

> 翌朝、道幅の広い堤道に出た我々はイスタパラーパへ向かって進んだ。水の上にも陸の上にもそれこそ沢山の大きな町が立ち並び、一方、平らな堤道が真っすぐにメシコ（＝テノチティトラン）市まで延びているのを見た我々はすっかり驚嘆し、これはまさしくアマディースの本（一六世紀の騎士道小説）に語られている夢の世界のようだと口々に言った。水の上に高い塔のように築かれたかずかずの神殿と建物はいずれも石で造られたものばかりだった。我々の仲間の中には、目の前の光景は夢ではないのかとさえ言う者がいたほどだった(2)。

こうしてスペイン人たちが感嘆しつつ向かったのが、都市の中心部に位置するテンプロ・マヨール（スペイン語で「大神殿」の意味）である。それは一辺が約五〇〇メートルの壁に囲まれた正方形の祭祀

図3　テンプロ・マヨール内の「双子の神殿」　左半分がトラロク神殿，右半分がウィツィロポチトリ神殿（メキシコ国立人類学博物館）

区域であり、内部には農耕や漁労、工芸、商売、戦争などに関係する様々な神々を祀った約八〇の神殿が存在した。そしてこの神殿群の中で、ひときわ高い重要性を持っていたのが、この祭祀区域の東側にそびえたつ「双子の神殿」であった（図3）。

「双子の神殿」は、縦一〇〇メートル、横八〇メートル、高さ三〇メートルのピラミッド型基壇の上に、戦神・太陽神ウィツィロポチトリ（次頁図4）のための小神殿と、農耕神・雨神トラロク（次頁図5）のための小神殿が並置された、巨大な建築物である。このピラミッド型基壇には二つの長い階段がしつらえられており、神官たちはこの階段を登って、日々、それぞれの小神殿に祀られた神像の前で御香を焚き、供物を奉納し、祈りを捧げた。この「双子の神殿」の背後（都市の東方向）にはテスココ湖の湖水が広がり、そのはるか彼方には白い雪をかぶった二つの高

図4　ウィツィロポチトリ（戦神・太陽神）
（*Códice Telleriano-Remensis*, p.5.）

図5　トラロク（農耕神・雨神）
（*Códice Laud*, p.13.）

峰、ポポカテペトル山とイスタクシワトル山の雄姿を望むことができた。

3　テノチティトランの一年の宗教的行事——一八の祭祀

このテノチティトランの心臓部ともいえるテンプロ・マヨールを主要な舞台として、アステカ王国では一年一八か月（二〇日×一八か月＋五日＝三六五日）の各月に、国家規模での重要な宗教的祭祀が催されていた。これらの月ごとの祭祀にはテノチティトランの王族、貴族、戦士、平民らが参加するだけでなく、ときに王国に服属する周辺部族の王たちも招かれた。そこで行われる数々の儀礼は、戦争と農耕という、アステカ人たちにとってもっとも根本的な日常的行為が有していた神話的・宇宙論的な次元を、壮大・荘厳な在り方で人々に開示するものであった。

一六世紀のスペイン征服直後にイベリア半島からこの地に布教にやって来たフランシスコ会士、ベルナルディーノ・デ・サアグンが作成した、アステカ人らの信仰・習俗・社会についての記録である『フィレンツェ文書』の第二巻には、この一八の祭祀の様子が詳細に記されている。また、サアグンとほぼ同時期に布教を行ったドミニコ会士のディエゴ・ドゥランも、同様の記録物を残している。以下では、この二人の宣教師の記録物を主な史料としつつ、各祭祀の概要を急ぎ足で見ていくことにしよう(3)。

第一の月　アトルカワロ　水が止まる（2月14日～3月5日）

この祭祀は、乾季（高原中央部ではおおよそ一一月から四月まで続く）の終わり頃に、トラロク神を祭神として、これから始まる雨季の順調な降雨を祈って行われる祭祀である。人々は雨をつかさどるトラロク神の住処である、テノチティトランを取り囲む聖なる山々の頂上で、あるいは地表の水をつかさどる女神チャルチウトリクエ（次頁図6）の住処である湖の、水が渦を巻いているパンティトランと

図6　チャルチウトリクエ（*Códice Borbónico*,p.5.）

いう場所で、子供を生贄として捧げる。この子供たちは青い色に体を塗られ、ヒスイなどの水のシンボルで身を飾られる。とくに頭に二つのつむじのある子供が生贄に選ばれ、子供たちが流す涙は降雨を招来するものとされた。

アステカにおいて神々に生贄を捧げる行為は、「お返し（ネシュトラワリ）」と呼ばれていた。アトルカワロに始まる雨乞いの祭祀は、四番目の月であるウェイ・トソストリまで続くが、そこでは子供の生贄は、日々、人間に水の恵みを与えてくれる神々に対する「お返し」として、もっとも価値の高いものとされた。またこの時期に人々はあらゆる場所に、液状のゴム（水や大地の神々への重要な捧げものであった）をたらした紙の旗を掲げる。そこで生贄となる子供たちは「人間の紙旗」と呼ばれた(4)。

またアトルカワロでは、一般に「剣闘士儀礼」と呼ばれる儀礼が行われる。そこでは戦場で捕虜となった一人の敵戦士が、四人の強壮なアステカ戦士と戦う。戦いの半ばで力尽きた敵戦士は、祭壇の上で生贄にされ、その心臓と血が神々に捧げられる(5)。

図7　シペ・トテク（*Códice Borbónico*, p.14.）

第二の月　トラカシペワリストリ　人の皮を剝ぐ（3月6日～3月25日）

この祭祀は、おおよそ春分の頃に、シペ・トテク神を祭神として催される祭祀である。シペ・トテク神は植物の再生をつかさどる神であり、図像学的には、人間の皮を身にまとった姿で描かれる（前頁図7）。この祭祀では、戦争で捕虜になった戦士が生贄にされる。戦士は頭頂部の髪の毛を取り除かれ、神官に連れられて、「双子の神殿」のウィツィロポチトリ神殿の階段を登っていく。このとき戦士はプルケー（マゲイ／竜舌蘭を発酵させて作る酒）を飲まされ、気分を高揚させて、自分の生まれ育った土地の素晴らしさを大声で誇りながら階段を登る。やがて階段を登りきると、戦士は台の上に寝かされ、神官がすばやくナイフでその心臓をえぐり出す。まだ脈打っている心臓は、太陽に捧げられた後に、クアウシカリ（鷲《わし》の器）と呼ばれる容器に納められる。それから戦士の体は、階段の下に投げ落とされる(6)。

その後、この戦士を捕虜にしたアステカ戦士は、生贄の血を自分の住む地区の神殿に持っていき、そこに祀られた神像の口に塗りつける。また生贄の体から皮が剝ぎ取られ、残りの体の部分は解体されて、アステカ戦士の親族らによって神聖な食物として摂取される。一方、剝ぎ取られた生贄の皮は、若者たちによって着用される。そのようにして若者たちはシペ・トテク神の「化身（生き神）」(7)となり、集団で模擬戦闘を行う。この祭祀の期間が過ぎると、この皮はシペ・トテク神の神殿に納められる(8)。

またこの祭祀では、先のアトルカワロと同様の「剣闘士儀礼」が行われる。

第三の月　トソストントリ　小徹夜会（3月26日〜4月14日）

この祭祀は、高原中央部で様々な花が咲き始める頃に、トラロク神を初めとする神々を祭神として催される。この月にも、アトルカワロの月に行われたような子供の供犠が、雨と水の神々のためになされる。また人々は花を集めて、大地母神のコアトリクエ（図8）の神殿や、シペ・トテクの神殿に奉

図8　コアトリクエの石像　首や肩から飛び出す蛇は血液を，首飾りの４つの手のひらは創造を，２つの心臓は生命活動を，１つのドクロは生命体の始源を表現する（メキシコ国立人類学博物館）

納する(9)。

この祭祀では、各集落の子供たちが重要な儀礼を行う。すなわち乳幼児から一二歳までの子供たちは、一定の期間、断食を行い、耳や舌に針で傷をつけて、したたる血を神々に捧げる。各地区の神官は家々をまわり、その家の子供がこの儀礼をしっかりやり遂げたことを確認すると、子供の首や手首に色とりどりの紐をつけてやる。その紐には蛇の骨、石の玉、小さな像などがついていて、これらは子供を下痢や熱病などの病気や、災害から守る力があると考えられていた。その後で人々は宴を催し、それまで断食をしていた子供たちは食べ物を口にすることができた。

またこの祭祀のときに、人々は御香を手にして集落の畑を歩きまわり、その煙で畑を清める。そして畑の神に、ゴム、食べ物、プルケー酒などを奉納する(10)。

第四の月　ウェイ・トソストリ　大徹夜会（4月15日～5月4日）

この祭祀は、若いトウモロコシの神シンテオトル（図9）と、トウモロコシの女神チコメコアトル（図10）を祭神として催される。祭祀の始まる前、各地区の若者たちは四日間の断食を行い、耳や脛から採った血液を塗りつけた枝を家屋の各所に据えつけて、神々への捧げものとする。それから若者たちは畑から、実り始めた若いトウモロコシを取ってきて、地区の神殿に奉納する。一方、女たちはこの神殿を掃き清め、アトーレ（トウモロコシのかゆ）を神々に捧げる。このときはまた、食べ物を詰め込んだ籠が奉納されるが、その上には焼いた蛙《かえる》が乗せられる。この蛙の顔は青く塗られ、胴にはスカートのようなものが巻かれる(11)。

この祭祀では、トウモロコシ農耕に関するある重要な儀礼が行われる。すなわち女たちは、播種用に保管しておいた前年のトウモロコシの穂を七本の束にし、紙で包んで、それに液状ゴムをたらす。

図9　トウモロコシ穂を頭部につけたシンテオトル　右には逆立ちした怪物＝世界樹（*Códice Borgia*, p.14.）

図10　チコメコアトル（*Códice Borbónico*, p.30.）

女たちはこの包みを背負って、チコメコアトルの神殿におもむく。途中、若者たちが女たちに賑やかに、ひやかしの言葉を投げかける。女たちはこれをふり払って神殿に到着し、包みを女神に奉納する。そこで女神によって聖化されたトウモロコシ穂は、その後、集落の穀倉に納められる。豊穣の力を秘めたこのトウモロコシ穂は、穀倉の「心臓」とみなされた(12)。

第五の月　トシュカトル　乾燥（5月5日〜5月22日）

この祭祀は、一年の中でもっとも乾燥の激しい時期に、強力な創造神であるテスカトリポカ神（図11）を祭神として催される。まず最初にこの祭祀の始まる一年前に、戦場で捕虜となった敵戦士の中から、勇敢さや容姿や性格などに優れた若者を一〇人ほど選ぶ。その中でとくに人品の優れた一人が、テスカトリポカ神の化身となる。この若者には音楽、詩や演説、振舞などについての細かい教育が施される。この教育期間が終わると、若者は王によって寄進された豪華なテスカトリポカ神の装束を身にまとい、人々の前に姿を現すようになる(13)。

この若者は、八人の従者を従え、自らが望むところであれば神殿、広場、市場、民家など、どこにでもおもむく。テスカトリポカ神は夜中に街を練り歩くことを好むとされ、この神の化身である若者が身につけている鈴と、若者自らが演奏する笛の音が聴こえてくると、人々は起き上がり、自らの家を清めたり、この若者のもとに駆け寄って御香を捧げたり、あるいは「土を食べる儀礼」（土を指です

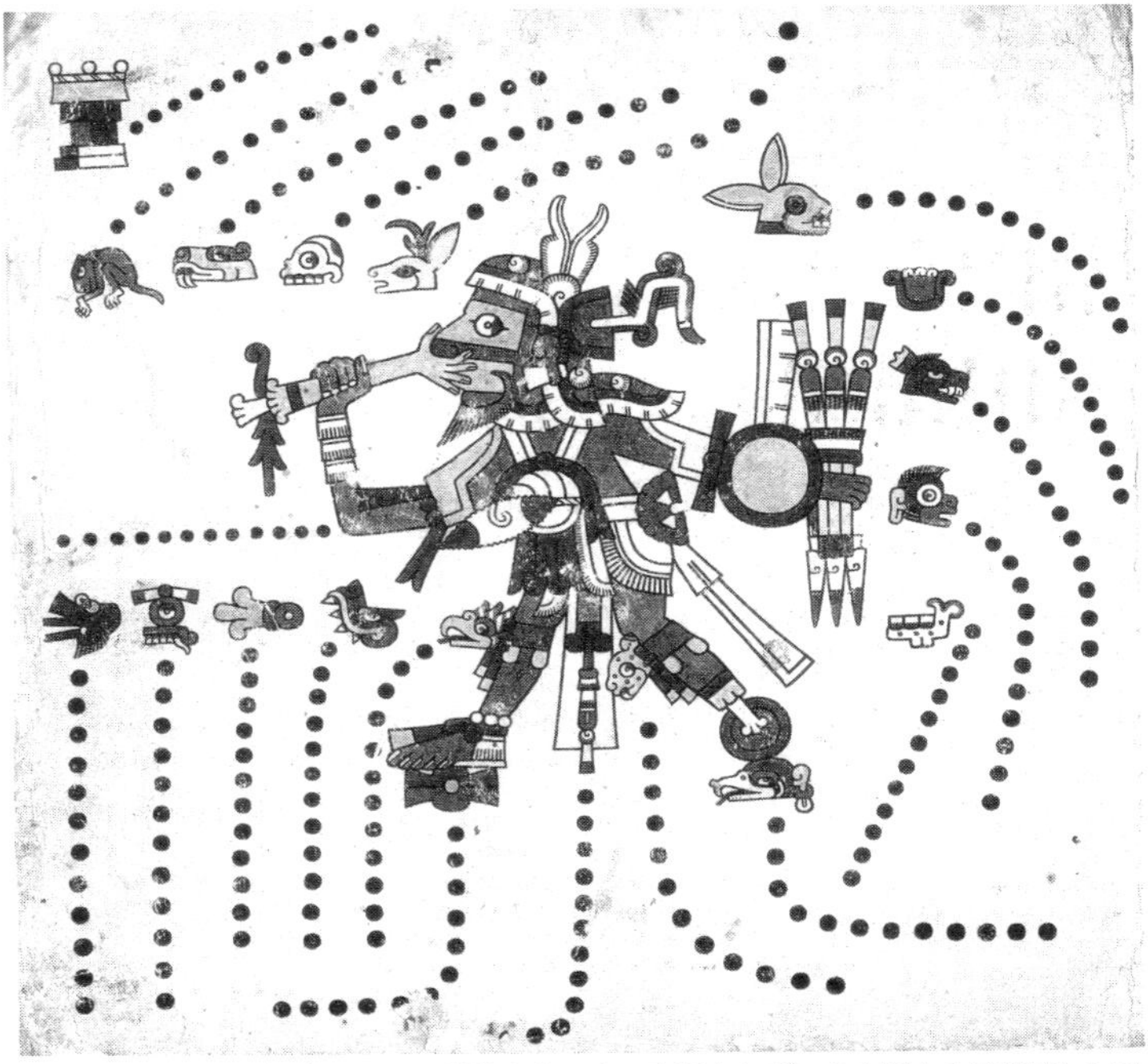

図11　全宇宙＝時空（260日暦の記号と点により表現される）を支配する最高神としてのテスカトリポカ（*Códice Fejérváry-Mayer*, p.44.）

くって口元につける行為）を行ったりする。こうして若者は、約一年にわたって人々の篤い崇拝を受ける(14)。

やがて、ふたたびトシュカトルの祭祀の月がめぐってくる。そして若者は、神の化身として死の運命を受けいれる。最初に若者は、花の女神ショチケツァル、トウモロコシの女神シロネン、大地の女神アトラトナン、塩の女神ウィシュトシワトルの化身（である娘）たちと結婚する。女神の化身たちは、若者をさらに美しい衣装で飾りたて、慰め、勇気づける。最終日の五日前、若者と女神の化身たちは、様々な場所で歌舞を披露する。最初の日はテカンマンという場所で、二日目はテスカトリポカの像が祀ってある村で、三日目はテペツィンコという湖上のある場所で、四日目はテペプルコというテペツィンコに近い場所で、歌い踊る。これが済むと、若者は女神たちに湖上で別れを告げ、テノチティトランから南に数キロほど下った場所にある神殿へとおもむく(15)。

神殿にはテノチティトランの王族、貴族、戦士、職人や農民、商人といったあらゆる人々が集まってくる。そして、神の化身であるこの若者が、祭壇の上で死を迎える最後の瞬間を見守る。若者は神殿の階段をひとつ上がるごとに、自分の笛をひとつ壊していく。やがて神殿の頂上にたどり着くと、神官たちがこの若者の体を台の上に横たえ、胸にナイフをさしこみ、心臓を取り出して、神々に捧げる。……この後、来年のトシュカトルにおいてテスカトリポカ神の化身として生贄になる若者が、ふたたび選び出される(16)。

図12　エツァリ踊り（*Códice Borbónico*, p.26.）

第六の月　エツァルクアリストリ　エツァリを食べる（5月23日～6月13日）

この祭祀は、おおよそ夏至の頃、高原中央部で雨季が開始する頃に、雨神トラロクを祭神として催される。最初にトラロクの神官たちは四日間の断食をし、それから湖岸におもむき、神殿に飾るマットや椅子の材料となる葦を採取する。またこのとき神官たちは湖岸で、こごえるような冷たい水の中に入ってその身を清める。そして鴨《かも》や鷺《さぎ》や鶴《つる》のような鳴き声をあげながら、まるでこれらの水鳥になったかのように水辺を跳ねまわる(17)。

一方、街の中では、人々は各家庭で、トウモロコシとマメを煮た「エツァリ」という料理を大量に作る。そして宴に客を招いてこの料理を気前よくふるまう。また衣装を凝らした戦士と女性たちの集団が、深夜から夜明けまで「エツァリ踊り」と呼ばれる踊りをしながら家々を訪れ、「エツァリを食わせろ」と人々に要求する。人々もまた踊ったり食べたりしながら、この夜を賑やかに過ごす（前頁図12）(18)。

この祭祀ではまた、アトルカワロのときと同様に、湖上のパンティトランと呼ばれる場所で供犠が行われる。神官たちがこの場所に生贄の心臓を投げ込むと、湖面がはげしく波立ち、渦巻き、泡立った(19)。

第七の月　テクイルウィトントリ　領主の小祭（6月14日〜7月3日）

この祭祀は、塩の女神であるウィシュトシワトル（図13）を祭神として催される。ウィシュトシワトルは、トラロクを初めとする水の神々の長女であり、塩作り職人、塩売り、塩運搬人などの、塩に関係する人間集団の女神である。祭祀はこの集団が主体となって実施される。

この祭祀では、若い女がウィシュトシワトルの化身となる。この女は、波の模様のついた上着をつけ、緑色のケツァル鳥の羽根と、黄金色の鈴で身を飾る。両手には、液状ゴムをたらした紙旗と花で飾られた杖、そしてスイレンの花と葉で飾られた盾を持ち、これらをふりかざしながら舞い踊る。塩作り集団の女たちは幼女から老女まで、この女神とともに一〇日間にわたって歌い踊る(20)。

最終日の前日からこの女たちは、戦争で捕虜となった男たちとともに夜通し歌い踊る。夜が明ける

図13　ウィシュトシワトル（*Códice Vaticano A,* p.45.）

と、この集団はテンプロ・マヨールの「双子の神殿」へと向かう。そして女神の化身と捕虜の男たちは、トラロクの神殿の階段を登っていく。最初に男たちが生贄になり、最後に女神の化身が神官らによって台の上に横たえられ、その胸がナイフで切り開かれて心臓が取り出され、神々に捧げられる。こうして祭祀は終了し、最後に人々は自分の地区に戻って宴を開く[21]。

第八の月　ウェイ・テクイイルウィトル　領主の大祭（7月4日～7月23日）

この祭祀は、一年の中でトウモロコシなどの主食がもっとも不足する時期に、若いトウモロコシの女神であるシロネン（次頁図14）を祭神として催される。この祭祀が始まる頃になると、メキシコ各地の農村から、おなかをすかせた人々がテノチティトランに

図14　シロネン（*Códice Magliabechiano*, p.73.）

集まってくる。領主たちは、チアの実と蜂蜜の入ったアトーレや、野菜や果実や蜂蜜の入ったタマーレス（トウモロコシの蒸しパン）を大量に用意し、人々に気前よくふるまう。人々は整然と列を作って並び、これらの食べ物をもらって空腹をみたす。この施しは七日間にわたって続けられる(22)。

この祭祀では、女神シロネンの化身が重要な役割を果たす。化身となる若い女は唇を黄色、ひたいを赤色に塗り、ケツァル鳥の羽根の帽子をかぶり、ヒスイと黄金のネックレスをつけ、スイレンの花と葉がデザインされた服を着て、黒曜石のサンダルを履く。こうして女神の化身となった女は、水が豊富に湧き出す場所など、四つの聖なる場所を訪れる。祭りの最終日の前夜から、女神とそのお供をする女たちは、女神を中心に取り囲むようにして夜通し踊る。やがて夜が明けると、若い戦士たちがやってきて、この踊りに加わる。男たちは列を作って、

図15　アウィアニ（*Florentine Codex*, Bk.10.）

太鼓とほら貝の伴奏にあわせて蛇行しながら踊る。

そして女神シロネンの化身は、トウモロコシの男神シンテオトルの神殿におもむく。そこで一人の神官が女神を背中合わせの形で背負い上げ、他の神官が（まるでトウモロコシの茎から実をもぎ取るかのように）女神の首をすばやく切り落とす。そして胸からは心臓が取り出され、神々に捧げられる(23)。

第九の月　トラショチマコ　花の奉納（7月24日〜8月12日）

この祭祀は、おおよそ高原中央部でトウモロコシの初穂が実り始める時期に、アステカの戦神・太陽神であるウィツィロポチトリを祭神として催される。祭祀の二日前になると、人々は山野におもむいて、ダリア、マグノリア、スイレンなど様々な花を集め、飾り物を作る。そしてウィツィロポチトリを始めとする神々の神殿を、この花飾りで飾り立てる。それから七面鳥や食用犬などの肉でタマーレスを作り、宴を開く。

祭祀の最終日になると、若く勇敢な戦士たちがテンプロ・マヨールのウィツィロポチトリ神殿の中庭で、太鼓の伴奏にあわせて歌い踊る。アウィアニ*（歓喜する者）と呼ばれる女たちもこれに加わり、男二人が女一人を両脇から抱え込むようにして組んで、飛び跳ねたり回転したりすることのない、「蛇が進むように」静かで動きの少ない独特の踊りを、日が暮れるまで踊る(24)。

*この祭祀に参加する「アウィアニ」とは、アステカにおける踊り子・売春婦・巫女の性格を併せ持った女性集団のことである（前頁図15と第四章の第2節を参照）。またアステカの祭祀には、しばしば「ワステカ」と呼ばれる男性集団も参加した。ワステカたちは大きな男根の飾り物を身につけ、踊りや楽器の演奏を受け持った（図16）。諸祭祀においてアウィアニとワステカは、宇宙の聖なるセクシュアリティ・エロティシズム・豊穣性を表現する役割を担っていたようである(25)。

第一〇の月　ショコトル・ウェツィ　実が落ちる（8月13日〜9月1日）

この祭祀は、おおよそ秋分の頃に、火の神シウテクトリを祭神として催される。まず人々は、先のトラショチマコの祭祀が終わると、山から四〇メートルもの高さの大木を切り出してきて、幹から枝を切り落とし、それを綱で引きずってテンプロ・マヨールのシウテクトリ神の神殿まで持ってくる。それから戦士たちが、てこの棒などを用いながら、力を振り絞ってこの大木を神殿の中庭に立てる(26)。最終日の二日前になると、いったんこの大木は慎重に横たえられる。そしてアマランサス（雑

図16　ワステカ（*Códice Borbónico*, p.30.）

穀の一種）とトウモロコシの粉を練って塊にし、この塊を加工して鳥の頭、黄色いくちばしを作り、さらにこれに緑色の鳥の羽根をつける。こうして出来上がった「鳥」は大木の頂上部にとりつけられ、戦士たちはふたたび、これを中庭に立てる（次頁図17）[27]。

最終日の前夜、アステカ戦士たちは自らが捕虜とした敵戦士を連れてこの中庭にやってきて、夜通し歌い踊る。夜が明けると敵戦士たちは整列し、一人一人、火の神の神殿の階段を登っていく。そして衣装をすべて剥ぎ取られ、燃え盛る炎の中に放り込まれる。それから鉤棒で火の中から引きずり出され、台の上に横たえられて胸を切り開かれ、取り出された心臓が火の神に捧げられる[28]。

この供犠が終わり、昼になると、戦士たちは中庭に立てられた大木の前に集まる。そして合図と

図17　ショコトル・ウェツィ
(*Durán, Historia de las Indias*, vol.2.)

ともに大木に殺到し、これをよじ登る。最初に頂上に達した者は「鳥」の頭の部分、次の者は羽根、最後の者は尾をもぎとり、残りの部分を地上に向けて投げ落とす。下にいた者たちは、押し合い、殴り合いながら、これを奪い合う。この騒ぎが終わると、大木は勢いよく引き倒される。そして人々は、自分が獲得したものを各家庭に持ち帰る(29)。

第一一の月　オチパニストリ　清掃（9月2日〜9月21日）

この祭祀は、高原中央部においてトウモロコシの本格的な収穫期が始まる頃に、神々の母とされる女神トシ（図18）を祭神として催される。この祭祀が始まると、人々は家屋や街の通りを箒で掃き清める。また水路や水場などのゴミも取り除かれるなど、町全体の大掃除がなされる。この月の最初の五日間が過ぎると、トシの化身となった若い女、女の治療師、産婆などからなる女性集団が、踊りを奉納する。女性たちは四つの列を作って、両手に花を持ち、その手を上げ下げするだけの、歌ったり声を出したりすることのない静寂の踊りを踊る(30)。

この踊りが八日間続けられた後、女たちは二つの集団に分かれて、葦やサボテンの葉や花を固めて作った玉を投げあって戦う。この模擬戦が四日間続けられた後、トシの化身は女たちに囲まれて市場

図18　トシ（*Códice Borbónico*, p.30.）

へとおもむき、その中心部で食べ物を人々にばらまく。そして深夜になると、トシの化身の供犠が行われる。トシの化身である若い女は、神殿の台の上で頭を切り落とされ、その皮が剝がれる。この皮を壮健な男性の神官がかぶり、こうして新しいトシの化身が誕生する。またこの皮の腿の部分は、トウモロコシの神シンテオトルの化身の仮面にされる(31)。

新しいトシの化身は、ワステカと呼ばれる男性集団に伴われて、ウィツィロポチトリ神殿におもむいて自ら供犠の儀礼を執り行ったり、自分の息子であるシンテオトル神の化身を訪問したりする。最後にトシは（「双子の神殿」とは別の小規模な）ウィツィロポチトリ神殿の上に立ち、そこから様々な色のトウモロコシの穀粒や、カボチャの種をばらまく。下にいる人々はこれに殺到し、荒々しく奪い合う(32)。

第一二の月　テオトレコ　神々の到来（9月22日〜10月11日）

この祭祀は、アステカのあらゆる神々のために催される祭祀である。この月の最終日の五日前に、人々は葦で作った飾り物で、街のいたるところにある神々の祭壇を飾りつける。そしてそこにトウモロコシの粒のつまった籠や、四本のトウモロコシの穂を奉納する。

やがて様々な神々がテノチティトランの都に集まってくる。最初に創造神テスカトリポカ、それから商人の神ヤカテクトリ（図19）、火の神シウテクトリなど、次々と神々が到来する。この到来を確認

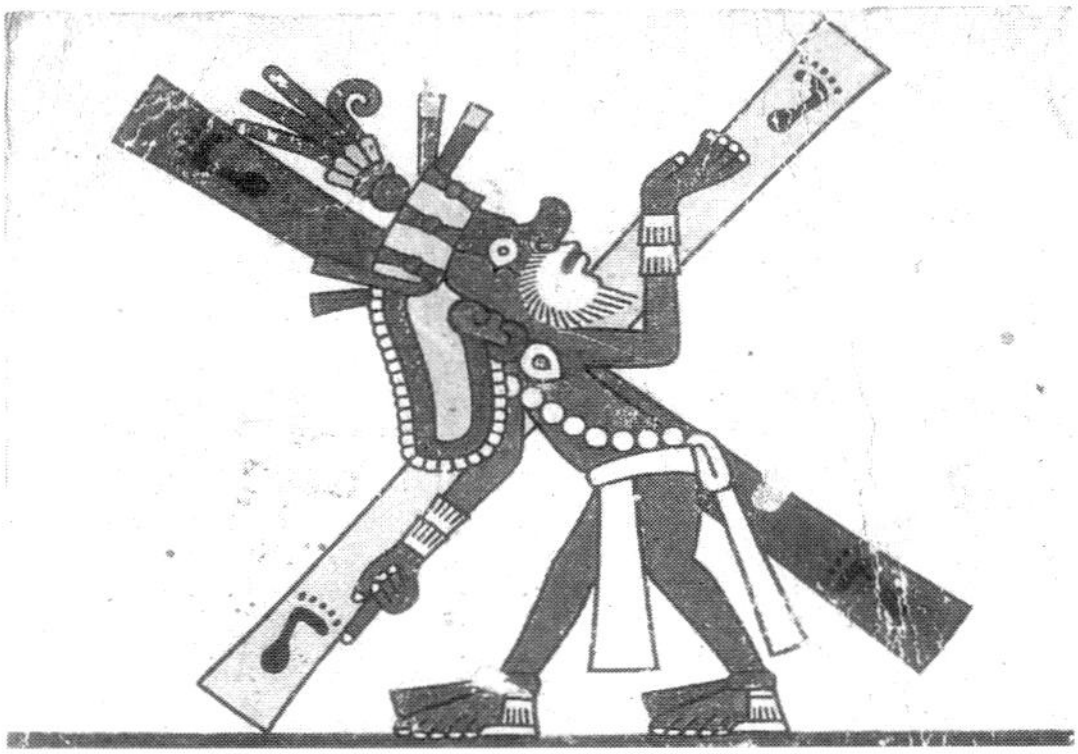

図19　ヤカテクトリ（*Códice Fejérváry-Mayer*, p.30.）

するのは、経験を積んだ老神官である。老神官は祭りの期間、マットの上に置かれた平たく丸い形のトウモロコシ粉の塊を注意深く見守る。老神官は、このトウモロコシ塊の上に特定の神が立つ姿を認めると、トウモロコシ塊を粉々に打ち砕き、「神がいらっしゃったぞ」と大声で人々に告げる。すると他の神官たちは法螺貝を吹き鳴らして、賑やかに神を出迎える。また人々は到来した神に、アマランサスの種に蜂蜜を加えて作った食べ物を捧げる(33)。

この祭祀ではまた、戦争で捕虜となった戦士を火の中に投げ込む供犠が行われる。この戦士たちは栗鼠《りす》や蝙蝠《こうもり》などの姿形で火の前で踊り、それから神官らによって火の中に投げ込まれる(34)。

第一三の月　テペイルウィトル　山の祝祭（10月12日～10月31日）

この祭祀は、雨神トラロクが住むとされるテノチティトラン周辺の山々に捧げられる祭祀である（図20）。初めに人々は木の幹や根で、蛇の形の像と、エカトトンティン（風の子）と呼ばれる人型の像を作る。さらにこれにアマランサスの種をこねたものを肉付けして、一番上に顔のついた山のような形の像を作る。これらの「山の像」は、雨神トラロクによって命を召された者たち、すなわち溺死した者、雷に打たれて死んだ者、火で焼かれることなしに地中に埋められた者たちのために作られる。

最終日の前夜、人々は笛を吹き鳴らしながら、「山の像」を「霧の家」と呼ばれる場所に運び込み、

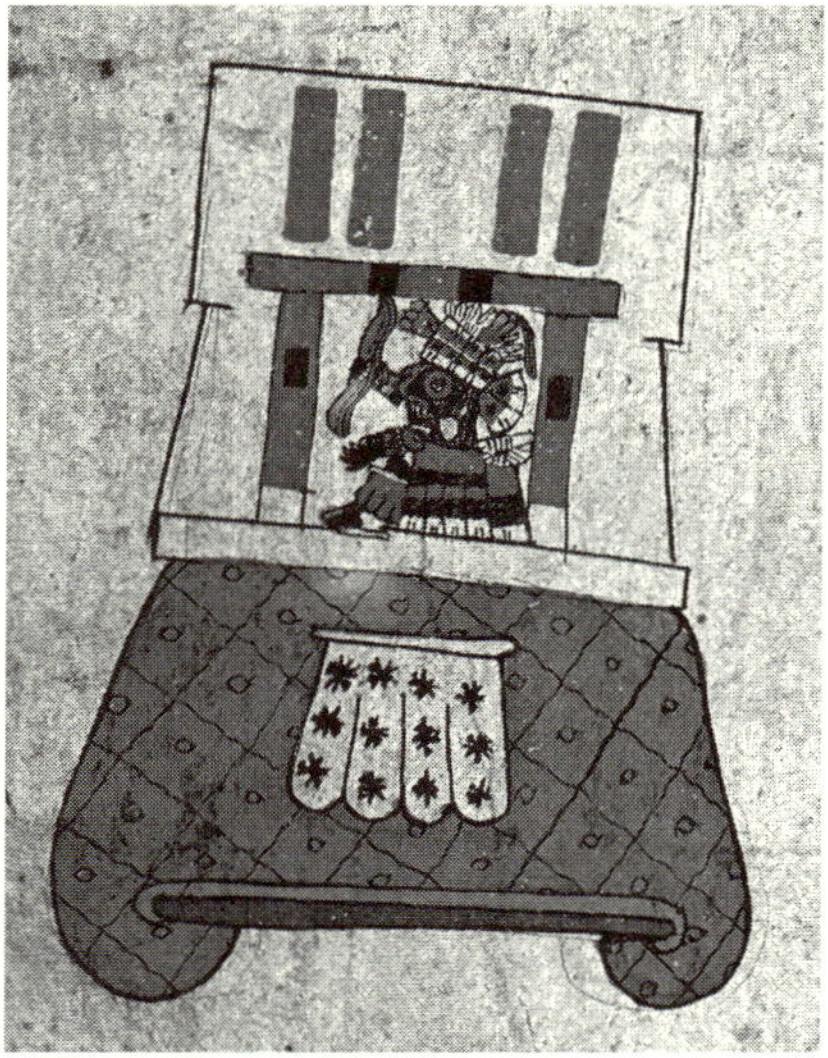

図20　山上のトラロク（*Códice Borbónico*, p.32.）

水滴をふりかけて清める。それから「山の像」を家に持ち帰り、液状ゴムや紙旗で飾り立てる。翌日の朝、人々は「山の像」に果実入りのタマーレス、煮物、食用犬や七面鳥の肉を捧げる(35)。

この祭祀では四人の女と一人の男が、神々の化身として生贄にされる。液状ゴムをたらした紙製の衣装を身にまとった化身たちは、輿に乗せられてトラロクの神殿へと運ばれる。そして台の上に横たえられ、胸が切り開かれ、心臓が神々に捧げられる。この供犠が終わると「山の像」が壊される。人々はこの破片を屋根の上で乾燥させ、日々の食料にした(36)。

第一四の月　ケチョリ　紅鳥（11月1日～11月20日）

この祭祀は、狩猟と戦いの神であるミシュコアトル（次頁図21）を祭神として催される。この月の最初の五日間が過ぎると、アステカ戦士たちは大規模な鹿狩りの準備にとりかかる。

一日目、人々は水辺から葦を刈り取ってきて、ウィツィロポチトリ神殿に奉納する。二日目、神殿の中庭で火を使ってこれらの葦を真っすぐにする。三日目、戦士たちは自分の耳から血をたらして、ひたいに塗りつける。四日目、投げ矢の先端部を作り、これを葦の柄にとりつけ、二〇本の束にして神殿に奉納する。この数日間は、戦士たちは酒や女を断ち、作業に専念する。

五日目になると、彼らは戦死した仲間たちの墓におもむく。そして乾燥したトウモロコシの茎に、旗と盾、戦士のマント、下帯（ふんどし）、蜂鳥《はちどり》、そして鷺の羽根を飾りつけて、墓の前に立てる。ま

図21　ミシュコアトル（*Códice Borgia*, p.25.）

た供物として、四本の投げ矢と二つのタマーレスを火の中に投げ込む(37)。

六日目に、大規模な鹿狩《しか》りが行われる。戦士たちはサカテペクと呼ばれる場所におもむき、山野全体を切れ目なく取り囲んで、鹿、コヨーテ、兎《うさぎ》などの動物を一箇所に追い込んでいく。そして首尾よくこれらの動物を狩ると、その首だけを胴体から切り離して、街へと持ち帰る。鹿とコヨーテを狩ることに成功した戦士は、王から褒美をもらう(38)。

その後、ミシュコアトルの神殿で供犠が行われる。まず戦争で捕虜になった四人の敵戦士が、狩られた鹿のように両手両足を縛られて神殿の上に運ばれ、台の上に寝かされて胸を切り開かれる。最後に、ミシュコアトルの化身が生贄にされる(39)。

第一五の月　パンケツァリストリ　旗の掲揚（11月21日～12月10日）

図22　蛇形の香炉から昇る煙（*Códice Borbónico*, p.30.）

太陽神・戦神ウィツィロポチトリのための重要な祭祀。おおよそ冬至の頃に催される。この神の奇跡的誕生と、コヨルシャウキ神に対する勝利の神話を再現する儀礼が行われる。この祭祀については本章の最終節で詳細に論じる。

第一六の月　アテモストリ　水の降下（12月11日～12月30日）

この祭祀は、雨神トラロクを祭神として催される。この時期はまだ乾季の最中だが、ときに一時的な雷雨が起こることがあった。そのようなときには人々は「トラロクが降りてくる」と言い合った。人々はアマランサスの種で、テノチティトランを取り囲む主要な山々――ポポカテペトル山、イスタクシワトル山、トラロク山など――の像を作る。これには目と歯がつけられ、紙、液状ゴム、黒曜石、マゲイ（竜舌蘭）の繊維などで飾りつけがなされる。トラロク神殿の神官たちは、蛇の形をした香炉で御香を焚いて神殿のあちこちを清め（前頁図22）、舌や耳や性器などから血を流して神々に捧げる。中庭にはゴムのついた紙旗で飾られた柱が立てられ、これにタマーレスやプルケー酒をお供えする(40)。

最終日の前夜から、神官たちは太鼓や法螺貝や笛の伴奏に合わせて歌い踊る。そして夜が明けると、山々の像の供犠を行う。神官たちは女たちが編み物に用いる棒で、山の像の「心臓」を取り出し、首の部分をもぎ取って「殺す」。そして体の部分をばらばらにして、これを皆で食べる。それから山の像の飾り物は、すべて神殿の中庭で燃やしてしまう(41)。

第一七の月　ティティトル　収縮（12月31日〜1月19日）

この祭祀は、「我らの母」と呼ばれる老女神イラマテクトリ（図23）を祭神として催される。この祭祀では一人の女がこの女神の化身となる。この化身は白い衣服の上に小さな貝のついた腰巻をつけ、白いサンダルを履く。一方の手には鷲や鷺の羽根で飾られた盾、もう一方には織り棒を持つ。そして老いた男性たちが太鼓に合わせて歌う中、一人で踊りを踊る。正午になると神官たちは、この女神の化身を神殿の上に導き、台の上に寝かせてその胸を切り開き、心臓を神々に捧げる。さらに頭部が切断され、それを手にぶら下げた者を先頭にして人々は歌い踊る(42)。

翌日、若者たちは紙切れや植物の穂を詰め込んだ軽い袋を用いて、お互いを叩き合う遊びをする。少年たちは油断している少女を見つけると、皆で取り囲んで袋で叩き、「我らが母よ、こいつは小さな袋だよ」といって逃げ去る。それゆえ少女たちはこの祭祀の月には、周囲に注意を払いながら街を歩いた(43)。

図23　イラマテクトリ
(*Códice Borbónico*, p.36.)

第一八の月　イスカリ　伸長（1月20日〜2月8日）

この祭祀は火の神シウテクトリを祭神として催される。シウテクトリ神殿の神官たちは、この神の像の頭や胴体を、ケツァル鳥の羽根で飾りつける。また頭には二本の火起し棒が角のように取り付けられる。この月の一〇日目になると、神官たちは深夜に新しい火を起し、燃え盛る炎の前にこの神像

図24　祭祀で踊る子供たち（*Códice Borbónico*, p.28.）

を据える。夜が明けると、若者たちが様々な小動物―鳥、蛇、蜥蜴《とかげ》、魚、蛙など―を神殿に持ち寄る。神官たちはこれらの小動物を炎の中に投げ込み、神への捧げ物とする(44)。

この祭祀では四年に一度、シウテクトリ神の化身の供犠が行われる。人々は一人の若者を水場に連れて行き、その身体を水で清め、紙の飾り物で飾りつける。そしてこの神の化身とともにシウテクトリ神殿におもむき、歌と踊りを奉納する。正午になると、数人の捕虜戦士を連れたパイナル神（ウィツィロポチトリ神の分身）の化身が、この神殿にやって来る。パイナル神は捕虜戦士らを生贄にした後、最後にシウテクトリ神の化身を生贄にする。この供犠が終わると、豪華に着飾った王や貴族らが神殿で厳かな踊りを奉納する。またこの月には、人々は子供たちの耳に穴をあける。そして子供たちの首や手足を引っ張り伸ばして、健やかな体の成長を祈願する[45](図24)。

ネモンテミ　空虚な日々(2月9日〜2月13日)

この五日間は儀礼は行われず、都市全体がすべての活動を慎む。ネモンテミは一年の中で非常に不吉な期間とされた。アステカでは一年の一日一日は、二六〇日の祭祀暦に基づいて、特定の神の影響下・支配下にあるとされた。しかし、この五日間はそうした一日一日をつかさどる神が不在となる期間であった。それゆえこの混沌とした期間にこの世に生まれた者——ネントラカトル(虚ろな人)などと呼ばれた——は「運勢・天命」や自分を守護する神を持たないということになり、その人生はあらゆる不幸と災難にとりつかれ、戦場では捕虜になり、異性に溺れるとされた。

この期間中、人々は商売や結婚などは行わず、また行政や治安に関わる公的活動も停止した。誰かが病気になると、その人は健康を回復することはできないとされた。またこの期間に何かにつまづいて転ぶことは非常に不吉であるとされ、人々はただ家にこもって、じっとこの五日間が過ぎるのを待った[46]。

以上が一八の祭祀の概要である。これら一年(三六五日)周期の祭祀は、テノチティトランにおけるもっとも基本的な宗教的行事であるわけだが、それ以外にも、より大きな時間周期で催される祭祀がいくつか存在した。先に一八番目のイスカリの月では、四年に一度、神の化身の供犠が行われるということを記した。この四年周期に加えて、アステカにはさらに八年周期、五二年周期の祭祀が存在した。五二年はアステカの儀礼周期としてはもっとも大きなもので、この周期において「新しい火の祭り」と呼ばれる大祭が実施された(47)。

4　五二年に一度の「新しい火の祭り」

「新しい火の祭り」が催される五二年という周期は、アステカで使用されていた二種類の暦、すなわち三六五日の太陽暦と二六〇日の祭祀暦に関係している。この二つの暦は連動している。すなわち、三六五個の歯を持つ歯車と、二六〇個の歯を持つ歯車が嚙み合っていて、一日に一つ（一歯）ずつ進んでいくとする。そのとき最初に嚙み合っていた二つの歯がふたたび出会うのは、ちょうど五二年後である。アステカ人にとってこの周期は、私たち現代人にとっての「一世紀」あるいは「一千年」のような、特別な意味を帯びた時間の区切りである。

「新しい火の祭り」は、分かっている限り少なくとも一四五四年と一五〇六年に、パンケツァリストリ祭祀の月（一五番目の月）に実施された。その意味ではこの大祭を、五二年に一度めぐってくる特別なパンケツァリストリ祭祀とみなすことも可能かもしれない。

この大祭は次のようにして開始する。まず最初に人々は、街中のあらゆる場所の火を消す。そしてあらゆる日用品が捨てられて、家の中が空っぽにされる。それだけではない。家屋に祀られている神々の像さえ、湖の中に投げ捨てられる。このときにはまた、火の神シウテクトリが鎮座する聖なる場、すなわち三つの石で作られた家屋内の炉（かまど）も取り壊され、投げ捨てられる(48)。

夕刻になると、火の神の神官たちが、テノチティトラン近郊のウィシャチテカトルという丘の頂上にある神殿におもむく。やがて陽が沈むと、神官たちは、「火起しの錐」と呼ばれるアステカの星座（プレアデス星団の近くのアルデバラン星が含まれる）が、夜空の一地点を通過する瞬間を静かに待つ。

図25　ツィツィミメ
（*Códice Magliabechiano*, p.76.）

一方、すべての光を失い、夜の闇に包まれたテノチティトランの街では、人々は恐怖にうちふるえながら「その瞬間」を待ち続ける。もし「火起しの錐」が無事に夜空の一地点を通過したなら、山頂の神殿では神官らによって生贄の儀礼がとり行われ、「新しい火」が点火されるはずである。しかし、もしそれがうまくいかなかったら――世界は闇の中に飲み込まれ、鋭い爪を持った魔物「ツィツィミメ」(前頁図25)が人々を襲い、貪り喰らうことになるだろう(49)。

サアグンの『フィレンツェ文書』には、「その瞬間」の様子が次のように記されている。

すべての人々が屋根の上に登った。誰も下の地面にはいなかった。人々は(屋根の上に)座った。……人々は頭を上げてウィシャチテカトルの山頂をじっと見守った。あらゆる者が緊張の中で、新しい火がもたらされる瞬間を、炎が昇り光を放つその瞬間を待った。わずかの時が過ぎたとき、光を放ちながら炎があがるのが見えた。それはあらゆる場所から、遠い場所からも見えた。素早く、すべての人々が耳を切り裂いて、その血をあの火に向かって振りまいた(50)。

山頂の神殿では、生贄の心臓が投げ込まれた「新しい火」が、明るい炎を吹き上げている。この炎から、四人の神官が巨大な松明に火を灯す(図26)。この松明の火は、ウィシャチテカトルの山頂からテノチティトランの大神殿へともたらされ、さらにそこから各共同体、各家庭へと運び移されていく。

図26　新しい火の祭り（*Códice Borbónico*, p.34.）

『フィレンツェ文書』にはその様子が次のように記されている。

> そして火は広がっていった。その火は神官らの家や各地区に灯された。それは諸々の若者宿にもたらされた。人々はその火のもとに向かい、火傷するくらいにその火を身に浴びせた。こうして火が素早く各所に行き渡ると、やっと人々は心を落ち着かせることができた。……様々なものが新しく作られ、炉とすりこぎも新たに作られた。……それから鶉《うずら》が生贄にされ、御香が捧げられた。人々は御香の籠を持ち、それを高く持ち上げて大地の四方向に捧げた(51)。

こうして「新しい火の祭り」は終了する。いったんは闇の中に飲み込まれそうになった世界は、ふたたび光を取り戻し、新たなる五二年の周期が開始することになる。

以上が、テノチティトランで行われていた主要な祭祀である。それらの概要をこうして駆け足で見ていくだけでも、アステカ宗教伝統には実に多様な側面があることが分かるだろう。ここから先はこうした多様性の根底にある、人間や神々や自然界に関するアステカ人の基本的なものの見方、すなわち彼らの宇宙論について論じることにしよう。

5　二元論的宇宙論

前節ではテノチティトランの一八の祭祀と「新しい火の祭り」の概要を示した。これらの祭祀の中心的舞台である大神殿テンプロ・マヨールの、その心臓部である「双子の神殿」は、その名に示されるように太陽神と雨神の神殿が並列するという独特の形状をしている。この形状は、古くからメソアメリカに存在し、アステカ王国を支える社会的原理でもあった「二元論的宇宙論」を端的に表現するものであった。

メソアメリカの二元論的宇宙論は、宇宙を二つの対立的、かつ相補的な領域に区分する。宇宙の一

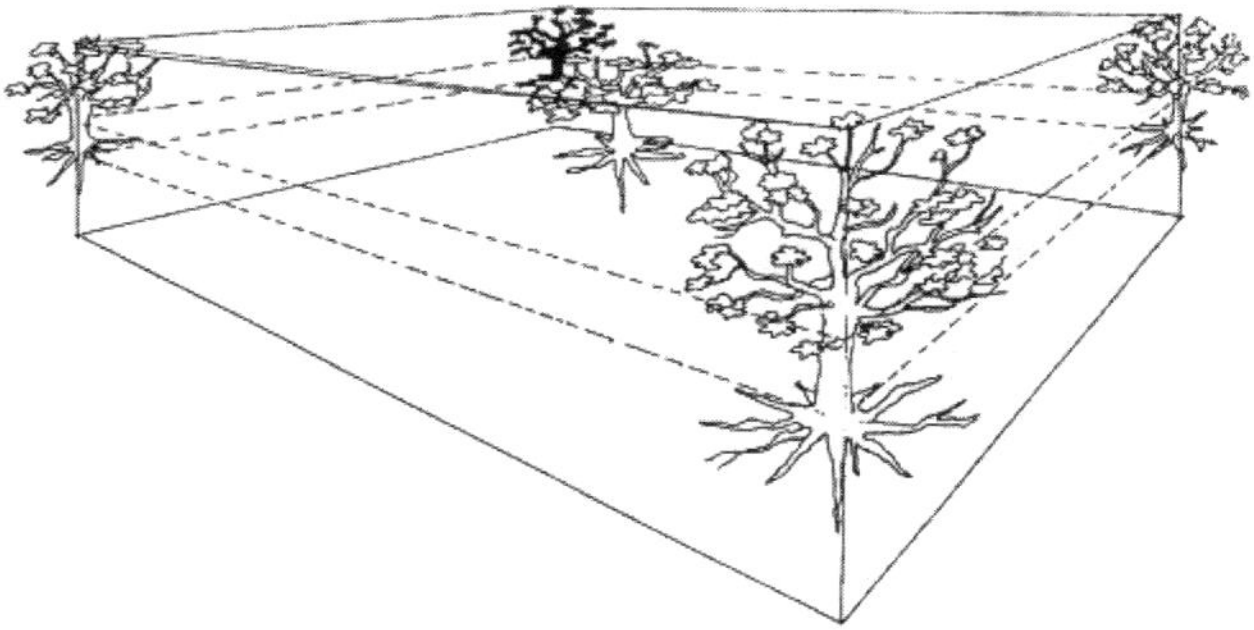

図27　世界樹と宇宙の三層（López Austin 1994：94より引用）

方には天空世界に属する「熱い」領域があり、もう一方には地下世界に属する「冷たい」領域がある。この大きな区分に基づいて、宇宙の諸々の要素は二つの領域のどちらかに結びつく。もっとも基本的な要素の連関は、次のようなものである。

天空世界／熱さ・火・光・固さ・乾燥・男性
地下世界／冷たさ・水・闇・柔らかさ・湿潤・女性

この宇宙論によると、宇宙は立体的に九層の天空世界と、同じく九層の地下世界、そしてその中間にある地上世界からなっている（この中間の地上世界を四層とみなして、天空世界の九層にこれを足して計一三層とすることもある）。世界の中心と東西南北の四地域には、巨大な世界樹が地下世界に根を張ってそびえ立ち、その幹と枝で天空世界を支えている（図27）。天空の力と地下の力はこれらの世界樹の内部を、らせん運動をしながら、かたや下降、かたや上昇し、やがて地表へと到来し、合流する(52)。メソアメリカ宗教伝統の専門家であるA・ロペス・アウスティンは、この二種類の力の地上世界への流入こそが、この世に「万物の変動＝時間」を引き起こす要因であったと述べている。

天や地で発生したものは、四本の樹木を通って伝わる。というのも、それらの樹木は宇宙の三つのレベルをつなぐ道だからである。熱い力は天の諸階層から降りてきて、冷たい力は死者の世界から昇ってくる。聖婚と戦争を同時に意味する行為において結び付けられたこれら二つの力は時の流れを形成し、時間が地上にあふれ出る(53)。

テノチティトランの「双子の神殿」において、太陽神ウィツィロポチトリは天空の熱い力を表現し、雨神トラロクは地下の冷たい力を表現していた。この二種類の力の地上における出会いは、ロペス・アウスティンが言うように「聖婚」と「戦争」という二面的な性格を持っていた。ここではそうした二面性が明瞭に現れ出ている事例の一つとして、一八の祭祀の中のパンケツァリストリの祭祀を詳しく見ていくことにする。

6　パンケツァリストリの祭祀 ── 聖婚と戦争

パンケツァリストリは一五番目の月（冬至の頃）に行われる祭祀で、「双子の神殿」の南側のウィツィロポチトリ神殿を中心舞台として実施された。それは太陽神にしてアステカ人の守護神でもあるこの神の、闇と大地の神々に対する勝利の神話を再現する儀礼であった。

サアグンの『フィレンツェ文書』には、この神話が次のように記されている。

コアテペクと呼ばれる山があり、そこにコアトリクエという女が住んでいた。コアトリクエはセンツォンウィツナワ（という四〇〇人の兄弟たち）と、彼らの姉のコヨルシャウキの母であった。あるとき、羽根の塊のようなものが舞い降りて来て、コアトリクエは妊娠してしまった。センツォンウィツナワたちはこのことを知るや怒り狂い……姉のコヨルシャウキを先頭に、母がいるコアテペクへと向かった。

彼らが到着するやいなや、ウィツィロポチトリが盾と矢を持って（コアトリクエの胎内から）生まれ出た。……（ウィツィロポチトリは）コヨルシャウキを刺し貫き、すばやくその頭を切り飛ばした。……センツォンウィツナワたちも、その多くが死んでしまった(54)。

図28　球技場（オアハカ地方・モンテアルバン遺跡）

さて、パンケツァリストリの祭祀は、次のようにして行われる。まず、早朝の太陽の出現とともに、ウィツィロポチトリ神の分身であるパイナル神に扮する者が、ピラミッド型基壇の頂上にあるウィツィロポチトリ神殿から出現する。パイナル神は日の出の光を背に浴びながら、この神殿の階段を駆け降りてきて、最初の供犠を行う。

『フィレンツェ文書』にはこの供犠の様子が次のように記されている。

まだ薄暗さが残っている頃、パイナルがウィツィロポチトリの神殿の頂上から降りてきた。パイナルはそこから真っすぐ、神の球技場と呼ばれる場所へ向かった。そこでパイナルは四人を殺した。……彼らを殺すと、その体を、球技場じゅう、引きずりまわした。その血液で球技場を染めようとするかのように、引きずりまわした(55)。

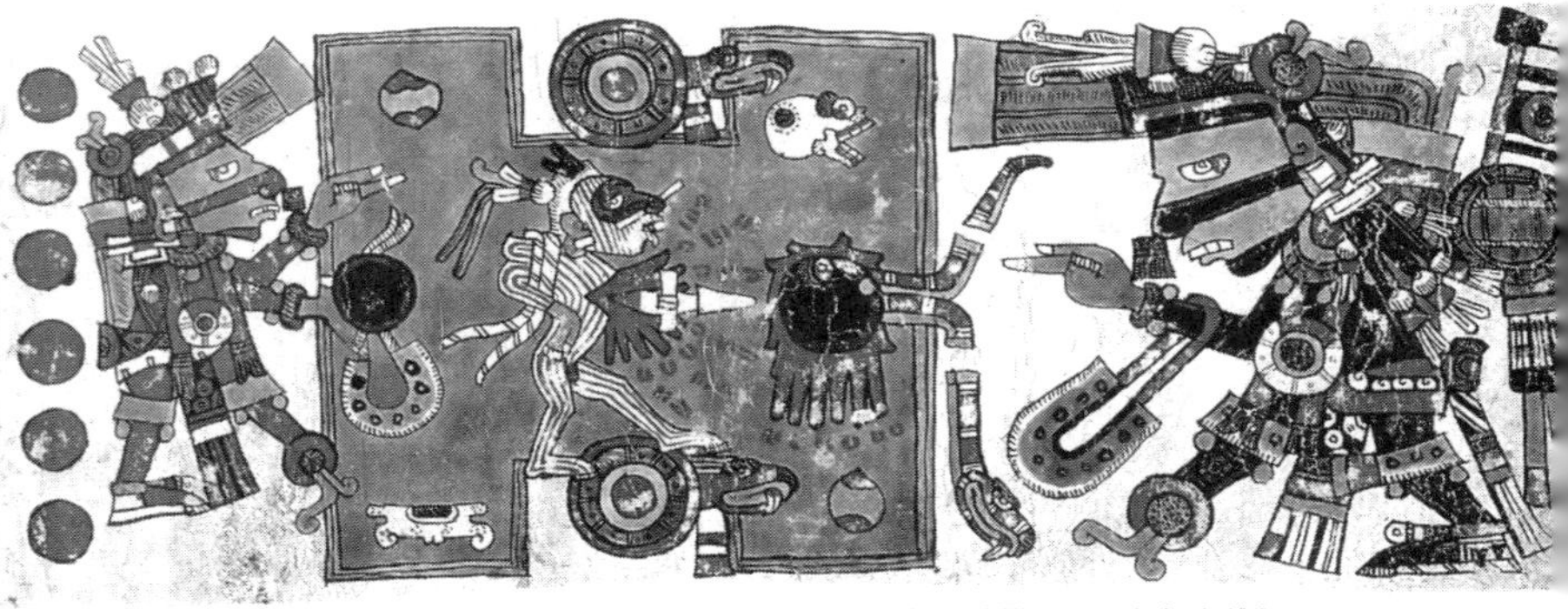

図29　球技場　左脇には赤いテスカトリポカ，右脇には黒いテスカトリポカ
（*Códice Borgia,* p.21.）

ここに出てくる「球技場」とは、メソアメリカで紀元前九〇〇年頃から行われてきた儀礼的球技を行う場所のことを指す。球技場は一般に長方形（あるいはI字型）の形をしており、ここで二手に分かれた集団がゴム製の球を蹴りあい、勝敗を競う（図28）。この儀礼の意味は必ずしも明らかではないが、一説にはそのグラウンドは地上世界を、また、グラウンドを跳びかう球は宇宙を運行する太陽を表現するという(56)。とすれば、球技場は大宇宙のミニチュア（ミクロコスモス）であり、ここで人身供犠を行って球技場を生贄の血液で「染める」ことは、象徴的に、宇宙全体を血で満たす行為であったと考えられる。

スペイン征服以前にこの地域の先住民によって作成されたある絵文書の中の図像には、球技場における供犠の様子が描かれている（図29と表紙カバーを参照）(57)。そこでは、I字を横にした形（H字の形）の球技場の左脇に火・太陽神の属性を持つ「赤いテスカトリポカ」、球技場の右脇に宇宙創造神としての「黒いテスカトリポカ」、球技場の中央部には心臓から血を流す生贄の姿が、そしてその右側には球技用の黒い球が描かれている。注目されるのは、この黒い球（＝太陽）からも、一匹の蛇とともに血液が噴き出している点である。この図像の豊かな意味は次章ですぐに明らかにする。

さて、パイナルはこの最初の供犠を行った後、テンプロ・マヨールを出て、トラテロルコ、トラコパン、コヨアカンといったテノチティトランに服従する重要なテスココ湖沿岸の諸都市を駆けめぐり、各地で生贄を殺す儀礼を行う。

パイナルが各地を駆け回っている間、テンプロ・マヨールでは二手に分かれた集団によって戦いの儀礼が行われる。集団の一方はウィツナワクという貴族の住む地区の若者、他方は平民地区の若者たちである。それは次のようにして戦われる。

ウィツナワク側の戦士たちは槍を持って戦い、それを投げつけた。そして（もう一方の）聖別を受けた者たちは、羽根のついた矢を持って戦い、それを投げつけた。それには矢尻がついていた。こうして戦いは行われ、そこには多くの死があった(58)。

図30　コヨルシャウキの石版
（テンプロ・マヨール博物館）

この命がけの戦いは、パイナルが湖岸を一巡する間、ずっと続けられる。そしてパイナルが「双子の神殿」に帰着したとき、戦士たちは戦いをやめ、パンケツァリストリの祭祀全体も終了する。

パンケツァリストリにおけるこれらの儀礼的行為は、いずれもウィツィロポチトリ誕生神話における「光の神」と「闇の神々」の戦いを再現するものである。その主要舞台となる「双子の神殿」の南側半分（ウィツィロポチトリ神殿のある側）は、大地母神コアトリクエが住む神話的な山、コアテペクを具象化したものである。このことは一九七八年以降のテンプロ・マヨールの考古学的調査によって、ウィツィロポチトリ神殿の階段の下で、体をばらばらに裁断された女神コヨルシャウキが刻まれた巨大な円形の石版と（図30）、センツォンウィツナワを示すと考えられる複数の立像が発見されたことからも明らかである(59)。

このパンケツァリストリの祭祀がアステカ人によって

大々的に催されていた時代、メキシコ高原中央部はいわば「戦国時代」の様相を呈していた。数多くの都市国家が競合する中で、アステカ人はつねに戦いの緊張状態に置かれていた。そうした状況にあって、光の神による闇の神々の制圧の神話劇は、戦いによって王国の繁栄をなしとげたアステカ人による宇宙的秩序の確立の試みであったと言えよう。

さて、このウィツィロポチトリ誕生の神話における「聖婚」の主題は、天空から舞い降りてくる「羽根の塊」と、大地・水・闇の力の権化であるコアトリクエの結合という出来事に、明瞭に認めることができる。

天から降る「羽根の塊」が、天空の熱い力を表現するものであることは疑いない。一方、この「羽根の塊」を受け止めるコアトリクエはアステカの主要な大地母神の中の一柱であり、地下の冷たい力を表現するものである。コアトリクエという名前は「蛇の腰巻 Coatl-icue」という意味である。現在、メキシコ市の国立人類学博物館に所蔵されている有名なコアトリクエ像（19頁図8）は、蛇の腰巻を身につけ、その顔は鎖骨部から上に飛び出す二匹の蛇の頭によって造形されている。またその肩口からも蛇の頭が顔をのぞかせている。

この女神の住処であるコアテペクは、「蛇の山 Coa-tepec」という意味である。メキシコ市の中心部にあるテンプロ・マヨール遺跡の「双子の神殿」跡では、この神殿の基壇部から飛び出すいくつかの

図31　大地から飛び出す蛇とトウモロコシ。右には農耕神
（*Códice Fejérváry-Mayer*, p.29.）

蛇の頭の石像を見ることができる。これらの蛇は、大地が宿す成長の力の象徴である。それは天空の熱い力と並び、人間や動物や植物が等しく必要とする力である。

農耕の局面では、この成長力は大地に播かれたトウモロコシの種に宿り、やがてその芽は種の堅い殻を突き破って、地表に顔を出す。ある絵文書には、そうした植物の発芽の様子を描いた興味深い図像が含まれている（図31）。そこでは農耕神が掘り棒を大地に突き刺し、その場所から穂状の花を咲かせた二本のトウモロコシが、一匹の赤い蛇とともに伸び出ている(60)。

ちなみに、この神話に示される「羽根」と「蛇」の聖なる結合という主題は、アステカさらにはメソアメリカにおいては古くから知られていた主題であった。それが端的に表現されているのは、この地域で広く崇拝されていたケツァルコアトル神（本書では次章以下に登場する）の神格においてである。テスカトリポカ神と並ぶ強力な創造神であり、しばしば風神（鳥のくちばしを持った姿で描かれる／69頁図33を参照）の性格を持つこの神の名前は、「羽毛（ケツァル鳥の羽根）の生えた蛇 Quetzal-coatl」という意味である。そして考古学者たちは、各地の遺跡で「羽毛の生えた蛇」の主題を示す考古学的遺物を数多く発見している。

一方、この神話劇の「戦争」の主題は、ウィツィロポチトリとコヨルシャウキの戦いに示される通りである。コヨルシャウキはある意味でコアトリクエの分身であり、コアトリクエが持つ大地・水・成長の力の制御不能で暴力的な側面を表現する女神である(61)。それは無秩序に繁殖する熱帯雨林植物の成長力のようなものであり、ものに「堅さ」、すなわち形態と方向性を与える天空の火の力と組み合わされなければならない。

ただし、天空の神は大地の神々を滅亡させはしない。この神話劇では、たしかにコヨルシャウキやセンツォンウィツナワたちは死ぬ。しかし、その母の大地母神コアトリクエは依然として生き続ける。実際、一方の力がもう一方の力を完全に消滅させるということは、アステカの二元論的宇宙論においては世界の破滅を意味し、それは決してあってはならないことであった。このことは「双子の神殿」が太陽神と雨神の二つの神殿からなるという事実、また、テンプロ・マヨールには大地や水の女神たちの神殿がいくつも建てられ、日々、篤い崇拝が捧げられていたという事実からも明らかである。

つまり、ウィツィロポチトリ誕生神話とその具現化としてのパンケツァリストリ祭祀――冬至という、一年の中で闇（夜）の力が極大化し、光（昼）の力が極小化する危機的な時期に催される祭祀――が表現しようとするのは、世界の存立のためには、火と水の二種類の力が宇宙を流動し、地上において出会い、その活力を損なうことなく均衡と調和の関係に入ることが必要だ、ということである。

このように宇宙のダイナミズムを二種類の力の融和（聖婚）、あるいは、せめぎあい（戦争）としてとらえる思考様式を、アステカ人の宗教的伝統を理解する上での基本事項としてふまえた上で、続く章ではアステカ供犠の実相に接近してみたいと思う。

第二章　神々に血を捧げる

1　神々に血を捧げるという主題

テノチティトランの人身供犠は、第一章でその概要を紹介した一八の年中の祭祀や、五二年ごとに行われる「新しい火の祭り」、あるいは新しい神殿の落成式や王の即位式といった特別な機会に、壮大な規模で行われていた。その方法は、斬首、矢を射かけるもの、水に沈めるもの、さらに剣闘士として戦わせるものなど多岐にわたり、しばしばテンプロ・マヨール以外の場所（湖や山頂）でも実施されていた。

こうした多様な供犠儀礼の中で、テノチティトランにおいてもっとも典型的なものを一つ挙げるとすれば、それは次のようなものであろう。ここではフランシスコ会士のモトリニーアの記述を見てみよう。

石刀を手にした儀式の執行者は満身の力を込めて仰向けに寝かされた犠牲者の胸を切り開き、素早くその心臓を取り出す。……儀礼の執行者は、取り出した心臓を神殿の入り口の上にあるまぐさ石の外側に向けて投げつけ、そこに血の跡をつける。落ちてくる心臓は地上でまだピクピクしているが、その後すぐに祭壇の前におかれた碗形の容器にいれられる。またあるいは心臓を取り出すとそれを太陽に向けて高く差し上げることもあれば、時には神像の唇に血を塗りつけることもある(62)。

このモトリニーアの記述や、先の「球技場における供犠」についての記述などから分かるように、アステカの供犠では血液が重要な役割を果たす。一般にメソアメリカでは、血液はきわめて神聖な物質として扱われてきた(63)。

先の章では、「蛇」は大地から発芽する植物の成長力を表現するということを述べた。この動物はメソアメリカの図像学では、身体から流れ出る血液をも表現する。たとえばベラクルス州の古典期の都市、エル・アパリシオのレリーフでは、頭部を切断された生贄の身体から噴出する血液が、数匹の蛇によって表現されている（図32a）。同様のものは、後古典期マヤの都市であるチチェン・イツァの球技場の有名なレリーフにも認められる（図32b）。なお先に見た図29（53頁）では、球技場の「黒い球＝太陽」から、赤い血液とともに一匹の蛇が飛び出している様子が描かれている。これも同じ「蛇＝血」という主題を表現している。

さらに先に見たコアトリクエ像（19頁図8）の首や肩口から飛び出す蛇たちも、この女神の体から噴出する血液を表現するものとされる(64)。これらが意味するのは、人間の体を構成するものの中でも血液はとりわけ強力に宇宙の生命力を宿すものと考えられていた、ということであろう。

図32a　生贄の首から噴出する蛇＝血液
エル・アパリシオのレリーフ
（Miller and Taube 1993：47より引用）

血液は、太陽、大地、さらには水（川や湖）にも捧げられる。ドミニコ会士のドゥランの記録には、アステカのアウィツォトル王がテノチティトランに水路を建設したとき、王は自分自身の耳や腕や足から血を流して神への捧げ物とした後に、さらに四人の子供を生贄にし、その心臓から流れる血液を、貴石や御香や花と一緒に、水の女神チャルチウトリクエに捧げたと記されている(65)。またこのときには、動物の血液――人間の血液と同様に宇宙の生命力を宿している――も女神に捧げられた。ドゥランは次のように記している。

図32b　生贄の首から噴出する蛇＝血液
チチェン・イツァのレリーフ
（González Torres 1991：100より引用）

神官たちの一人が鶉を殺して、水の中にふりまいた。その血液は大量であったので、すべての水が血に赤く染まって流れてきた(66)。

血の儀礼は、大きな祭祀のとき以外にも、日々の生活の中で、必ずしも生贄の死を伴うことなく実施されていた。たとえばサアグンは、アステカの交易商人たちが旅の出発の前に行っていた血の儀礼について記している。この儀礼は、宇宙の神話的な空間構造に基づいて行われた。そこでは血液はまず、家屋の中心部にある聖なる火に捧げられる。

人々は黒曜石の針で耳に、あるいは舌に傷をつけ、やがて血が流れ出すと、それを指にとって、テオナッパ（聖なる四方向）と言いながら、火に捧げた……。それから中庭に出て、指の爪に血を乗せて、天空にそれをはじき飛ばした。同じことを、東に……西に……北に……（南に）*……向かって行った(67)。

これらの事例には、アステカ宗教伝統における「神々に血液を捧げる」という主題が明瞭に現れ出ている。ここで一つ、この主題がいかに深くこの地域の先住民たちの魂に根付き、長い歴史的時間を通して生命力を保ち続けたかを示す、ある興味深い事例を紹介しておこう。アステカ王国が滅亡して

＊原文には記されてないが、ここでは南にも血が捧げられたであろうことはほぼ間違いない。

数百年後、二〇世紀初頭のメキシコ市のある先住民集落で、次のような物語が語り継がれていた。

兎が一匹いた。喉が渇いたのだが、あたりは乾燥していて草も生えていない。せめてマゲイ（甘い樹液を持つ竜舌蘭）でも生えていないかと歩き回っていると、帽子をかぶった一人の爺さんがよたよた歩いている。兎は心配して言った。「こんなところを出歩いてはいけません、必要なものがあれば自分が持ってきますから、休んでいてください」。爺さんは答えた。「どうしても山に住む人々の所に挨拶に行かなければならないんじゃ」。

そこで兎は言った。「ではナイフで自分を殺して、その血をお飲みください」。爺さんはそれを断った。すると兎は言った。「お父さん、お願いです。私はあなたのおかげで生きてきました。いつもあなたは私を養ってくださいます。このままでは、あなたは死んでしまいます。あちこちを歩いたのですが、どこにも水はありませんでしたから」。

すると爺さんは次のように答えた。「気を遣ってくれて、ほんとうに有難うよ。ワシはマゲイの樹液を飲むよ。それからまっすぐ家に帰って休むことにするよ。お前はメシュカルコに向かいなさい。そこにある洞窟には、水がたくさん溢れているだろう。その洞窟に入ると、そこには春のようにたくさんの果物があるだろうよ。全部、お前が食べていいよ、お前は良い心を持っているからなあ」(68)。

この物語に登場する、水と植物に満ちた洞窟の秘密を知る老人は、おそらく、大地の豊穣をつかさどる神々の中の一柱なのであろう。大地には水と豊穣の力が満ちており、そこには「春のようにたくさんの果物がある」、という宗教的観念が、古代的な起源を有するものであることは疑い得ない。この物語には、この地でトウモロコシ農耕を生業として生きる人々にとって、「神々に血を捧げる」という主題がいかに重要なものであったかが示されている(69)。

さて続く節では、ここまで見てきた血の儀礼を核心的要素とするアステカの人身供犠について、従来、研究者によってなされてきた議論を検討することにしよう。そしてそこに孕まれている本質的な問題点を指摘した後に、筆者自身の解釈の在り方を示そうと思う。

2　アステカ供犠に関する従来の議論

アステカ供犠についての研究は数多く存在する。それらの研究の特徴と問題点については別の場で論じたので、ここではその概要を述べるにとどめる(70)。

アステカ供犠研究に現在に至るまで最も強い影響力を及ぼしてきた議論は、メキシコの考古学者のA・カソの著作『太陽の民』（一九五三年）において示された議論である。彼はウィツィロポチトリ誕生神話などに基づいて、アステカ人の神話と儀礼の中心的主題は月・星の神々に対する太陽神の戦いであったとし、アステカ人の使命は、戦場での闘いによって戦士の血を流し、神に「生命を表現するこの魔術的な食べ物を捧げ、神の戦いを応援する」ことであったと主張した(71)。その後、このカソ説は、J・スーステル、C・デュバルジェ、Y・ゴンサレス・トレスなどの代表的なアステカ供犠の研究者らにより、この儀礼の理念的側面の説明として継承された(72)。

たしかにカソらが主張するように、アステカには「血を欲する神々」という主題を示す神話がいくつか存在する。ここでは供犠研究者らがしばしば引用する、スペイン征服直後に作成された三つの史料の中に記されている神話を紹介する。

『太陽の伝説』という史料には、世界の始まりのときに、太陽に心臓と血を捧げるために五人の戦士が作られたという神話が記されている。

イスタククチャルチウトリクエ（大地の女神）は四〇〇人のミシュコアを産んだ。……さらに五人のミシュコアを産んだ。……すると太陽が四〇〇人のミシュコアを呼び、弓矢を与えて言った。「我に食べるものと飲むものを与えよ」。ところが彼らはその義務を果たさなかった。ただ鳥を射て遊ぶばかりだった。……そこで太陽は後に生まれた五人を呼び、弓矢と強い盾を与えて言った。「五人の我が息子よ、四〇〇人のミシュコアを打ち砕け。やつらは父と母に何も捧げようとしない」。……そこで五人は四〇〇人を打ち負かし、（これを生贄として）太陽に食べ物と飲み物を捧げた(73)。

『絵によるメキシコ人の歴史』という史料には、この五人の戦士の神話と構造的に類似した神話が記されている。

太陽が作られて一年後、四柱の神の中の一柱であるカマシュトルは、八番目の天に行って、四人の男と、一人の女を作った。それは戦いがなされ、太陽が心臓を食べ、血を飲むことができるようにするためであった。カマシュトルは、杖をとって岩山を作った。するとそこから四〇〇のチチメカたちが現れ出た。……そこで（カマシュトルの五人の）息子・娘たちは、木の中に隠れた。するとチチメカたちがやってきた。そこで息子・娘たちは木から降りて、チチメカたちに飛びかかり、すべて殺した(74)。

最後は『メキシコの歴史』という史料に記された神話である。これはいわゆる「原初巨人解体神話」と呼ばれるタイプのものであり、そこで原初の怪物の体から天空と大地を作るのは、アステカの神々の中でも卓越した二柱の創造神、すなわちケツァルコアトル神とテスカトリポカ神（図33）である。

図33 ケツァルコアトル（左）とテスカトリポカ（右）のペア
（*Códice Borbónico*, p.22.）

ケツァルコアトルとテスカトリポカの二神が、天空から、女神トラルテクトリの上に降った。二神が降りてくる以前に……既に水があり、その上をこの女神が漂っていた。……二神は大きな蛇になり、一神は女神の右手と左足、もう一神は左手と右足をつかみ、それを強くねじって半分に分け、体の片方で大地を作り、もう片方を天空へと押し上げた。

（それから神々は）人間が必要とするあらゆる果実が女神から現れるよう命じた。その髪の毛で木や草花を、その肌で小さな草花を、その眼で沼や泉や洞窟を、その口で川や渓谷を、その鼻で谷や山々を作った。

この女神は毎晩、人の心臓を食べたがって泣いた。心臓が与えられなければ泣きやまず、人の血を与えられなければ果実を与えようとしなかった(75)。

これらの神話に基づき、アステカの人身供犠は血液によって神々（太陽や大地）を養うために行われたという説が、ほぼ定説として確立した。筆者はこれに対して、かつて次のような批判を行った。すなわちそれは、カソ以降の研究者の多くはアステカ供犠を《機械のアナロジー》において説明しており、それがこの儀礼のリアリティから研究者を遠ざける結果になっている、という批判である(76)。

3 《機械のアナロジー》とその問題点

《機械のアナロジー》による説明とは、要するにアステカ人にとって宇宙は一種の巨大機械であり、太陽（や大地やその他の事物）はその内部を動く部品であり、人間の血液はその動力源である、とするような説明のことである。そうした議論はこの主題に関する著作として比較的新しく、また現在広く読まれているものの一つである、K・リードの『アステカの宇宙における時間と供犠』（一九九八年）という著作にも明瞭に認められる。そこでは、アステカ人は宇宙を一種の「時計」のようなものとして理解していて、エネルギーを含む物質＝血液を宇宙に供給して「宇宙環境システム」を維持することが人身供犠の目的であったとされる[77]。

このような一見もっともらしい説明が行き着く結論は何であろうか。ちなみに先に断っておくが、筆者は宗教的・文化的現象の解釈におけるアナロジーの必要性を否定するわけではない。むしろ、人類学者のC・ギアツも指摘するように、それは解釈において重要な役割を果たすものである。

科学にしてもそれ以外でも、理論とは主としてアナロジーによって、つまりわかりにくいものをわかりやすいもの「として見る」こと（地球は磁石、心臓はポンプ、光は波、脳はコンピューター、宇宙は凪船）による理解によって進められる……(78)。

ギアツによると、解釈とは、最初にそれを見たときには、そのままでは理解しがたく思われる奇異な文化的・宗教的現象を、主にアナロジーを使用することによって、理解可能な身近な現象としてとらえなおすことである。ということは逆にもし、ある研究対象が、それを解釈した後も解釈者にとって以前と変わらず奇異なもの・疎遠なものにとどまるならば、その解釈は不十分だということになる。では、カソの議論は十分なものと言えるだろうか。彼は自説を展開する中で、次のように述べている。

アステカ人の人身供犠は……人類史において宗教的感情が有している多くの逸脱の一つである。誤った前提から出発し、それが自明のものとなり、最もひどい結果が論理的に導かれることはある(79)。

カソはこのように述べた後、アステカ人の供犠を、中世ヨーロッパの魔女狩りやナチズムなどと比べている。このことはある意味で、彼の研究者としての率直さを示すものではある。しかし、自らの文化的ルーツであるメソアメリカ文明に対して彼がこのような否定的結論を出すに至ったということは、不幸なことでもあった。いずれにせよここで言えることは、おそらくカソ自身は、少なくともこのアステカ供犠についての議論の遂行者としては、自らを「逸脱」に陥ることのない「正常」な存在とみなしていたということである。そこでは解釈対象は「異常」なものとして突き放され、解釈対象と解釈者の疎隔という問題は未解決のままであるように見える。

同じことは、アステカ人は宇宙を「時計」のようなものとみなしていた、と主張するリードに対しても言える。なぜなら現代人たるリードは、機械（時計）は人間の血液によって作動するものとは考えていないはずであり――リードがそう考えているのなら話は別である――、もしそのような考え方をする者がいるとすれば、それはリードにとって「異常」ということにならざるを得ないからである。最終的にはこれはリード本人に尋ねてみるしかないのだが、おそらくは、リードはアステカ人のことを「正常」な自分とは異なる精神的「逸脱」者とみなしているはずである。そしてリードの著作を読む多くの一般読者もまた、そういう結論を強いられるはずである。

4　創造的解釈学の試み

人身供犠は我々にとって恐るべき行為である。それは解釈者に強い精神的緊張を強いるものであり、そのリアリティに接近することは容易ではない。しかしながら人身供犠はアステカのみならず、広くメソアメリカ、さらには世界中の古代的宗教伝統において、規模の大小こそあれ、もっとも重要な儀礼行為の一つとして遂行されてきた行為である。またそれは、深い神学的・哲学的思索――たとえば古代インドの『ヴェーダ』における人身供犠（プルシャメーダ）や、『旧約聖書』におけるイサクの供犠をめぐる神学的思索など――を促してきた主題なのである(80)。そうである以上、人身供犠は真摯に解釈され、理解されなければならない。

《機械》のアナロジーでは、人身供犠のリアリティに接近することは難しい。しかしもし解釈においてアナロジーの使用が必然であるとすれば、我々は《機械》とは異なる、別のアナロジーを探す必要があるだろう。そしてそのアナロジーは解釈者と解釈対象の間の疎隔や断絶を固定するものではなく、両者の間に確固とした連続性があることを実感させるものでなければならない。

こうした方法論的問題に面してここで注目したいのは、宗教学者のC・H・ロングが提唱する、「研究者の主体の内にあるアルケー（根源）を探求する学問」としての解釈学の構想である。

宗教体験とその表現には、ある永続的な構造があるとするならば、我々は、次のような結論を下さなければならない。即ち、起源を探求すると言うことは、客観的な歴史の中にあるアルカイックなものを探求することであり、この探求は、今では研究者の主体の内にあるアルカイズム archaism の探求によって補わなければならない。歴史と文化のアルケーを探求する学問 archaeology は、研究者の主体の内にあるアルケーを探求する学問によって、調和のある釣り合いのとれたものにされなければならない(81)。

ロングの提唱する解釈学（アルケオロジー／根源的なものについての学）においては、歴史的・文化的他者は、研究者自身の人間性と無縁のものとして切り離されることはない。むしろ研究者は、解釈行為を通して、解釈対象の中に自己の根源的（アルカイック）な在り方を探求しようとする。これが適切に遂行されたとき、解釈者と解釈対象との疎隔は大きく克服されていることだろう。これはロングと志を同じくした宗教学者のM・エリアーデが「創造的解釈学」と呼んだものの遂行にほかならない(82)。それが「創造的」であるのは、解釈者が、解釈という行為において、自分の中に新しい人間――それまで十分自覚していなかった自分自身の在り方――が立ち現れてくるという創造的出来事を経験するからである(83)。

以上の議論を受けて、続く章ではアステカ供犠のもう一つの側面である「神々から血を頂く」という主題を考察することで、この解釈学的課題に取り組みたいと思う。

第三章　神々から血を頂く

1　神々から血を頂くという主題

ここまで見てきたように、「太陽や大地の神々に血液を捧げる」という主題を示す神話や儀礼の記述は、メソアメリカの宗教伝統には数多く存在する。ここではこうした主題を明瞭に表現する、ある絵文書の中の図像を紹介しておこう（図34と表紙カバーを参照）。そこでは頭部を切断された鳥（鶉《うずら》）の胴体から噴出する赤い色の血液が、左側の太陽神の口に向かって流れ込んでいる。図の右下では、口を大きく開いた大地の怪物が、この鳥の頭部から流れる血を飲み干している。さらに図の右上では、

図34　太陽（左），月（右上），大地（右下）に，鳥の血液が捧げられる
（*Códice Borgia,* p.71.）

月（水に満たされたU字型の器の内部に兎が描かれている）に向けて、鳥の頭部から流れる血が捧げられている(84)。

これと同様の主題を示す諸々の神話・儀礼・図像が、従来の研究においてアステカの人身供犠を説明する事例として参照されてきた。その一方で、それとは反対の主題、すなわち、人間が「太陽や大地の神々から血液を頂く」という主題は、従来の研究では必ずしも十分に強調されてこなかったように思う。しかし筆者の考えでは、この「神々から血液を頂く」という主題はアステカの人身供犠を理解するための鍵となるものである。

「人間が神々から血液を頂く」という主題に関して、一つ重要な神話が存在する。それは、創造神の血液と死者世界の骨との混合によって人間が創造される、という神話である。『太陽の伝説』という史料には、次のように語られている。あるとき神々は大地に人が住むことを望んだ。そこでケツァルコアトル神は、地下の死者世界ミクトランに死者の骨を取りに行くことにした。ケツァルコアトル神はミクトランの神々と会い、首尾よく骨を手に入れた。しかし地上世界に戻る途中、死の神々に追いかけられて転倒したせいで、この貴重な骨は砕けてしまった。そこでケツァルコアトル神は、

それを真っすぐタモアンチャンに持って行った。そこに到着すると、キラチトリと呼ばれる女がそれを細かく砕き……それを高貴な容器の中に放り込んだ。その上に、ケツァルコアトルは自分の男根から血を注いだ(85)。

こうして創造の地タモアンチャンにおいて、死者世界の貴重な骨と創造神の血液の混合から人間は誕生する。この神話はアステカ研究者にはよく知られたものであり、これと供犠の関係を指摘する研究者がこれまでいなかったわけではない(86)。しかし概して、この神話は供犠を説明する物語としてより、いかにして人間が創造されたかを説明する起源神話としてとりあげられてきた(87)。これはおそらく、先に紹介した「太陽や大地が人間の血液を欲しがる」という神話の方が、アステカ人が人身供犠を行った理由を示す上で、より直接的で分かりやすいということによるのであろう(88)。

「神々から血液を頂く」という主題が十分に強調されてこなかったもう一つの理由として、アステカの主要な諸史料には、この主題を示す神話や、これを直接的に表現する儀礼――たとえば、供犠において「神の化身」の体から流れ出る血液を人間が飲み干す、といったような儀礼行為――の記述が比較的乏しいということが挙げられる。それならば「神々から血液を頂く」という神話的主題は、「神々に血液を捧げる」という主題よりも重要性において低いということであろうか。そうではない。実際のところ「神々から血液を頂く」という主題は、神話や儀礼と並びメソアメリカの人々のもう一つの重要な宗教的表現であった図像表現（絵文書）において、雄弁に表現されているのである。ここではそうした図像表現の中から、本論にとって特に重要と思われるものをいくつか提示する。

2　太陽から血を頂く

まず最初に挙げるのは、太陽が血を流すという主題の図像である。図35a（次頁）では、太陽から発する、丸い貴石を含んだ血液の流れが、山の頂上にある《矢の刺さった心臓》に降り注いでいる。一般にメソアメリカの図像学では、山は人間共同体を意味する。その上の心臓は地上的存在の生命を、矢は太陽から射す光を意味するものと考えられる(89)。図35b（次頁）もこれと類似した図像であり、そこでは太陽から流れ出る血液は、山頂の創造神テスカトリポカの顔の上に降り注いでいる。この神

b, （*Códice Borgia,* p.6.）

a, （*Códice Borgia,* p.2.）

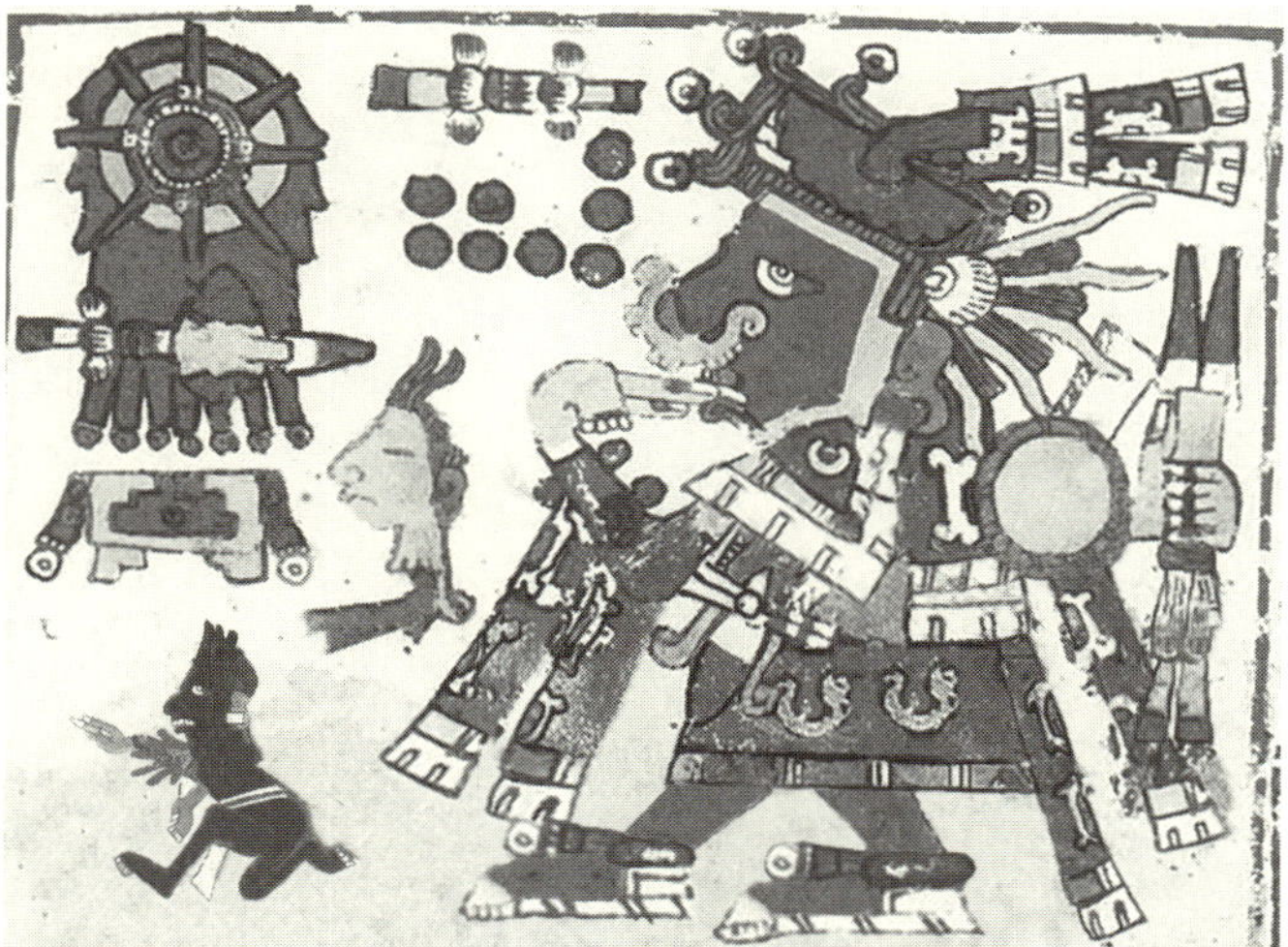

c, （*Códice Borgia,* p.48.）

図35abc　太陽から流れ出る血

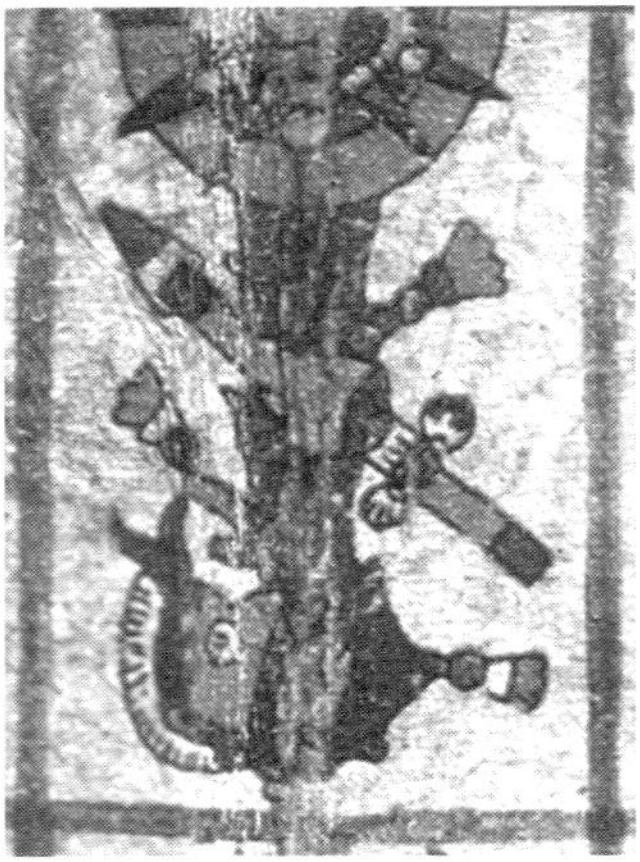

e,（*Códice Cospi*, p.4.）

d,（*Códice Cospi*, p.2.）

f,（*Códice Laud*, p.18.）

図 35def　太陽から流れ出る血

の顔は、太陽を見つめるように上を向いている。これらのように、太陽から赤い血液が流れ出す様子を描いた図像は、他にも数多く存在する（図35c～hおよび86頁図36）(90)。

図35c（表紙カバーを参照）では、図の右側には鼻飾りと腰巻に月のシンボル（U字）を身につけた大地母神トラソルテオトルが描かれており、その前には、赤い血液を滴らせる生贄の頭部と、供犠用ナイフで腕を切って血液を捧げる神官が描かれている。そしてその左上では、太陽から、赤い血液が奉納用容器の上に流れ落ちている。この血液にも《矢の刺さった心臓》が描かれている。

図35dでは、太陽から発した貴石を含んだ赤い血液が、二筋の血流となって半円形の山の上に降り注いでいる。その山の上には《矢の刺さった心臓》が描かれている。図35eでは、太陽から流れ出る血は、三つの花を咲かせている。その血は、上方を見上げる神（火神シウテクトリ）の顔に降り注ぐ。この血液にも《矢の刺さった心臓》が描かれている(91)。

図35fでは、供物が盛られた容器の上で、太陽が赤い血液を激しく放出させている。その血液には心臓と矢と斧が含まれており、その下にはテスカトリポカ神（左側）と、赤色と青色のフェイス・ペインティングをした神（右側）の顔が、この血液を仰ぎ見るような形で、あるいは顔で受け止めているかのような形で描かれている(92)。

図35gでは、図の右側には、神殿から上方に向かって太陽が上昇していく様子が描かれている（太陽が二つ描かれている）。その軌道は赤く塗られており、まるで太陽が血を放出しながら上昇している

ように見える。一番上の太陽の中には、矢を手にした戦士の姿の太陽神がいる。図の左側には、上から順に三つの太陽、すなわち山の上に昇る太陽、平原に昇る太陽、道の上に昇る太陽が描かれている。これらもまた赤い血液を流している[93]。

図35h（次頁）では、花とヒスイで屋根が飾られた神殿の中に、しゃがんだ姿の太陽神トナティウ（あるいは花神ショチピリ）が描かれている。そしてこの神殿の左上では、太陽が赤い血液を滴らせている。中央に大きく描かれた人物は太陽神に供物（丸いゴムの玉と木の束）を捧げる神官であるが、その顔も先の図像と同様に太陽の血流を見つめ、それを受け止めようとするかのように上に向けられてい

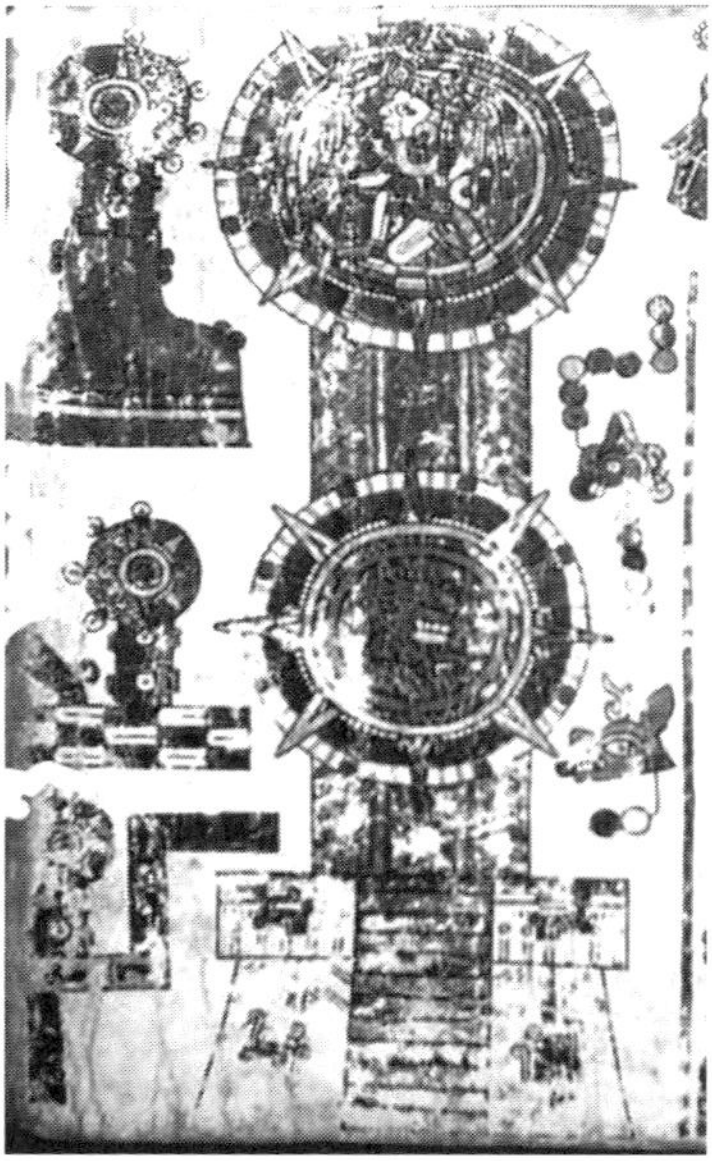

図35g　太陽から流れ出る血
（*Códice Vindobonensis*, p.23.）

図35h　太陽から流れ出る血（*Códice Fejérváry-Mayer*, p.34.）

る(94)。

図35-iは、太陽と、人間の誕生との関係を考える上で興味深い。そこでは太陽と、これから生まれ出ようとする子供は「へその緒」でつながっており、それを右側の神的存在がナイフで切断しようとしている(95)。ただしここでは「へその緒」は赤く塗られておらず（黄色に塗られている）、厳密にはこれは「人間が太陽から「体液」を頂く」図像と言うべきかもしれない。

人身供犠の解釈という点からより直接的な価値を持つのは、図36（86頁と表紙カバーを参照）である。そこでは太陽神の体には九つの太陽がついており、それらを小さな神々が供犠用のナイフで切り裂いている。九つの太陽からは、貴石を含んだ赤い色の血液が豊かに流れ出ている(96)。そしてその血液は図の下方に描かれた、地上世界のミニ

図35i　太陽から流れ出る体液（*Códice Fejérváry-Mayer*, p.26.）

チュア（ミクロコスモス）であるところの「球技場」に降り注ぐ。そのグラウンドが赤一色で染められているのは、地上世界が生命の力で充満している状態を表現するのであろう。このグラウンドの中央部では、火・太陽神の属性を持つ「赤いテスカトリポカ」（左側）と大地母神トラソルテオトル（右側）に両脇を囲まれて、骸骨の姿をした女神（大地の女神ミクテカシワトルであろう）が子供を産みだそうとしている。

ここでもう一度、第一章第6節で「球技場」について論じた際に紹介した、図29（53頁）を見てもらいたい。そこでもやはり、太陽を表現する「黒い球」から、赤い血液が「球技場」のグラウンドに流れ落ちている。つまりこれらの図像は、人間だけが生贄になるのではなく、太陽もまた自らの生命（血液）を大宇宙に捧げるということを

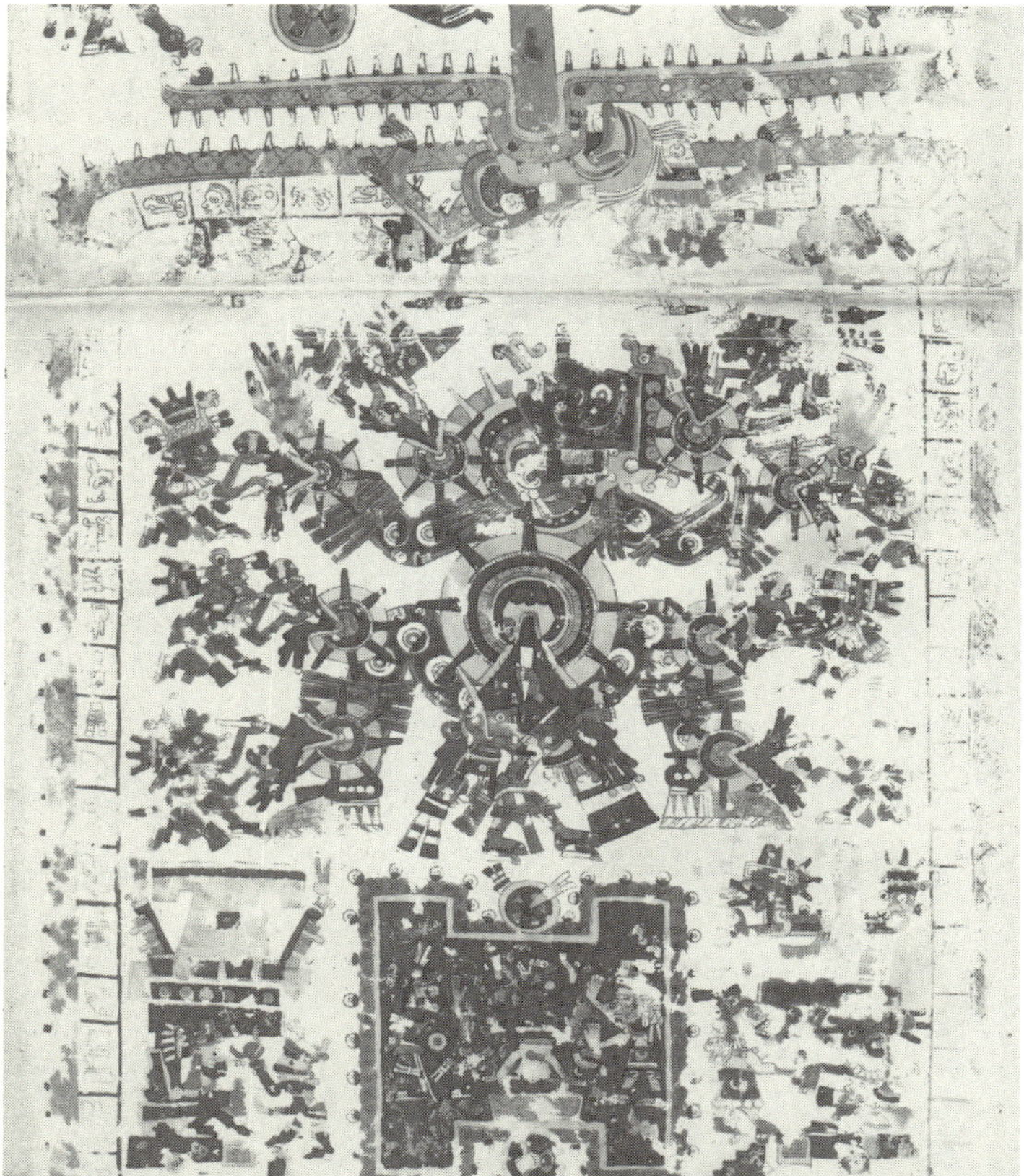

図36　太陽神の体から地上に流れ落ちる血　右はこの図のH字型の「球技場」の部分の詳細図
（*Códice Borgia*, p.40.）

表現しているのである(97)。

この図像のもう一つ興味深いところは、これらの絵がすべて、食糧神トナカテクトリの体内における出来事として描かれている点である。すなわち、この図を取り囲む帯（その内側には暦の二〇個の記号を連ねた帯が描かれている）はトナカテクトリの体の外皮であり、その上部には左右に大きく開いた口（鰐《わに》の口のような）と顔と両腕が描かれ、左下と右下にはその両足が描かれている。それはまるで、この図の上部の太陽神がトナカテクトリの上半身（あるいは心臓）を、下部の球技場がその下半身（あるいは大腸や子宮などの内臓）を表現しているかのようである。このように、血を流す太陽や、それを受け入れる地上世界が、全体として一つの神の体として描かれていることの意味は、このあとの議論ですぐに明らかになるだろう。

3　月・星・大地から血を頂く

月もまた、地上に血液を降らせる。図37a（次頁）では、鼻飾りと腰巻に月のシンボル（U字）を身につけた大地母神トラソルテオトルが子供に乳を与えており、その左上では、月が赤い色の血液を流している(98)。一般にメソアメリカでは、月は女性の産出力や大地の豊穣性、さらには飲酒による酩酊と強い関係があると考えられていた(99)。こうした月の力は、絵文書ではしばしば月から流れ出る水として表現されるが、この図で流れ出ているのは赤い色の血液である[100]。この図が表現しようとするのは、月は血液＝豊穣の力で大地を充たし、さらに大地はその力を地上の生物に分け与える（授乳する）ということであろうか。

一方、図37bは、先に示した図35i（85頁）（人間が太陽から「体液」を頂く図像）の続きとして描かれているものである。ここでは「へその緒」で子供とつながっているのは太陽ではなく、夜空に輝く星々の中の一つである。そしてこの「へその緒」を、テスカトリポカ神の分身であるイツトラコリウキ神が斧で切断しようとしている[101]。この図像は、いわば「星から「体液」を頂く図像」である。ただ

図37a　月（左上）から流れ出る血
（*Códice Borgia*, p.16.）

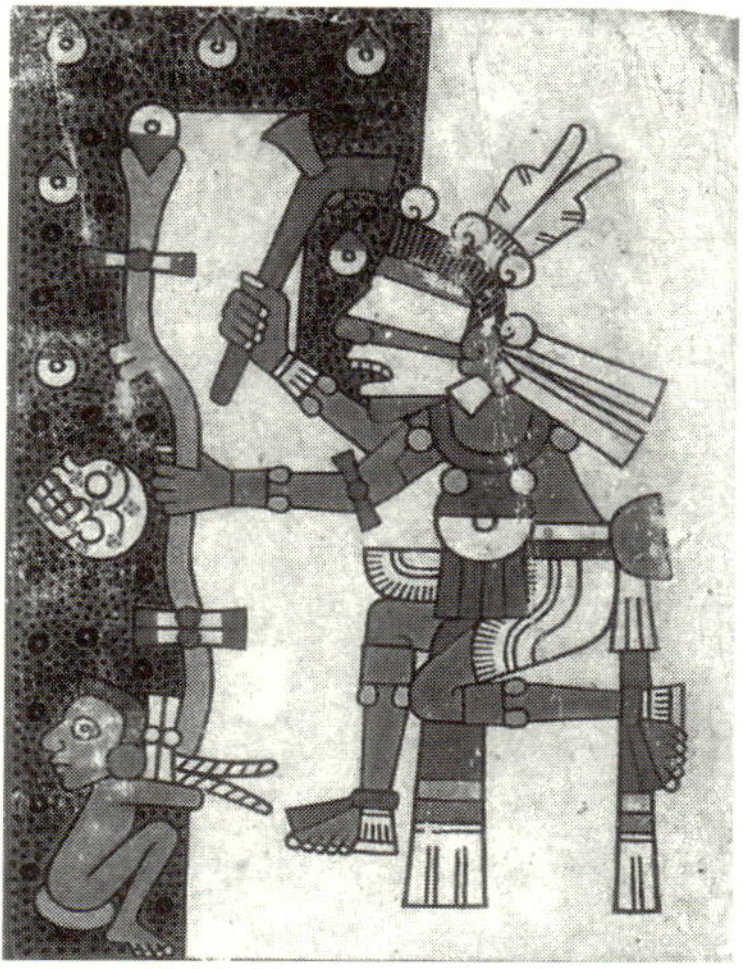

図37b　星（左上）から流れ出る体液
（*Códice Fejérváry-Mayer*, p.27.）

それが、どの星・星座から、どのような力を、地上の人間が受け取る様子を描いたものなのかは、明らかではない。

大地もまた血を流す。図38ａｂでは、女神シワテテオ（出産で死んだ女性の神／大地母神トラソルテオトルと強い象徴的連関を有する）の口や乳房から――女神はその手に握った供犠用ナイフによって自らを切り裂いたのであろう――赤い色の血液が噴出し、それを左下の、祭儀用の容器の中に入れられた骸骨姿の子供が飲んでいる。その骸骨＝子供の手にも、供犠用ナイフと心臓が握られている。この骸骨＝子供は、何を意味するのだろうか。ここでは本章の冒頭に挙げた人間創造神話において、最初の人間

a,（*Códice Borgia,* p.48.）

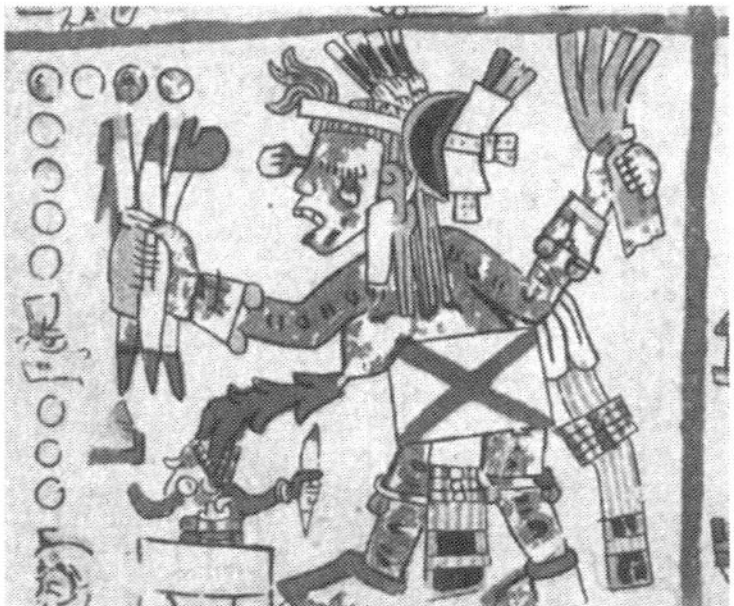

b,（*Códice Vaticano* B, p.78.）

図38ab　大地母神の体から流れ出る血

図 38c　大地母神の体から流れ出る血
（*Códice Borgia,* p.16.）

は《死者世界ミクトランの骨》と《ケツァルコアトル神の血》が《高貴な容器》の中で混ぜ合わされることによって創造された、と語られていたことが思い出される。とすれば、これらの図像は「神の血液と死者世界の骨との混合による人類の創造・誕生」という神話的主題と関係があるのかもしれない。

これらの図像との関連で注目されるのが図38cである。この図像は先に示した図37a（血を流す月の図像）のすぐ隣に描かれているもので、右側の骸骨の姿をした大地の女神ミクテカシワトルが、左側の、やはり骸骨の姿の子供（胸から血を流している）に、口から赤い血液を注ぎ込んでいる(102)。この図像が資料において図37aを含む一連の《授乳する女神》の図像の一つとして描かれていることを考えると、それが表現しようとするのは「大地の神が人間に血を与える」という主題であるように筆者には思われる。

ここまで見てきた諸図像が表現するのは、人間が太陽・月

図39 神々から血を注がれるトウモロコシ＝世界樹（*Códice Borgia*, p.53.）

(星)・大地に血液を捧げるのと同じように、太陽・月(星)・大地も人間に血液(体液)を捧げている、ということであった。ということはアステカ人にとって、自分たち人間の体内を流れる血液に含まれる生命力は、太陽・月・大地がその体内に宿し、日々、地上の人間に送り込む生命力と――そのかけがえのなさや貴さにおいて――同じものであったということである(103)。

神々から生命力を送り込まれていたのは、むろん人間だけではない、植物もまた神々の血液を受け取っていた。図39では、二柱の神が自らの男根から放出する赤い色の血液が、骸骨の姿をした大地母神の体の上に注がれ、そこから巨大なトウモロコシが伸び出ている。その頂上部には、天空世界を意

a,（*Códice Vaticano B,* p.37.）

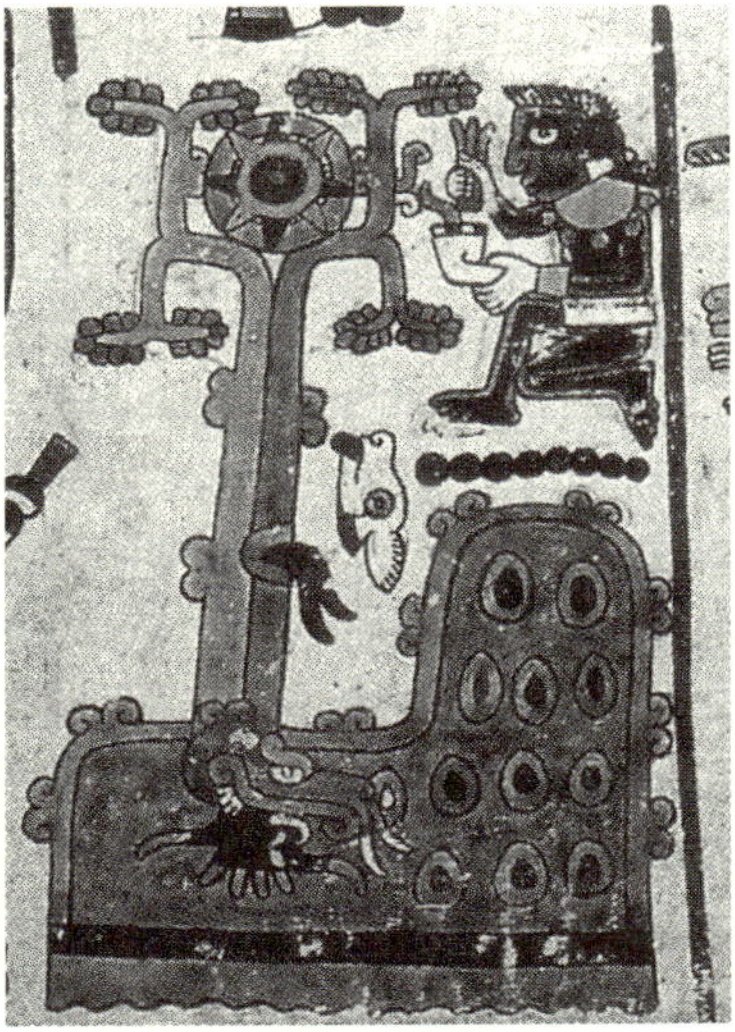

b,（*Códice Nuttall,* p.44.）

図40ab　幹の中間部から血を流す世界樹

味する聖なる鳥がとまっている。大地に根を張って天空へとそびえ立つ巨大なトウモロコシは、天地の生命力をその幹の中に充満させる世界樹であり、それゆえそれは、地上に立ち上がるすべての人間と動植物のアルケタイプ（究極的模範）である(104)。

世界樹の問題について、もう少し考えてみよう。もし第一章で見たように、世界樹が天空世界と地下世界を地表に結びつける通路であるなら、それを伝って地表に流れ出る天地の生命力は、赤い血液として表現されるのではないか。実際、その通りである。絵文書には「幹から血を噴出させる樹木」の図像がいくつも存在する(105)。図40ａｂでは、天空部分には花を咲かせ、地下部分には大地神が牙をむき出しにする、一本の世界樹がそびえ立っている。その幹の中間に開口部があり、そこから赤い色の血液が流れ出ている。なお次の章で詳しく見ていくように、メソアメリカでは世界樹に咲く花は、この世の様々な事物の誕生＝創造を表現する最高のシンボルの一つであった。

4　《大いなる生命体》のアナロジー

ここまで見てきた数々の図像は、何を表現するのだろうか。それは、地上に生きる人間・動物・植物と、天空を動く太陽・月・星、そして大地は、同じ血液を分け合う一つの巨大な生命体の一部だということであろう。

宇宙は決して無機質な部品が組み合わされた《機械》ではない。この巨大な生命体は、自らの体内に血液を循環させることで、新しい細胞と器官——地上の諸々の生命体——を作り出す。それゆえ、もし人間が自分たちは大宇宙から生命を頂くだけでなく、それに生命を捧げる存在でもあるということを忘れて、この聖なる赤い液体を自らの身体内に滞留させるなら、この大生命体は衰弱し、やがて死ぬことになるだろう。こうした切実な感覚なくしては、アステカの「血を頂く・捧げる」という図像的表現が生み出されることも、数々の血の儀礼が行われることもなかったであろう。

最後に、『フェイエルヴァーリ・マイヤー絵文書』という史料に描かれた有名な図像をとりあげよう（図41と表紙カバーを参照）。そこでは宇宙は四方に展開し、東西南北の各場所で、花を咲かせた世界樹が天空を支えている。それぞれの世界樹を囲む一対の神々は、手のひらを樹木に向けて、これを養い育てているように見える。図の上は太陽の昇る方角であり、世界樹の根元には太陽が描かれている。一方、下は太陽が地下世界に沈む方角であり、樹木の根元には大地の怪物の顔が描かれている。時間的秩序＝暦を表す絵記号と丸点（全部で二六〇個）が、八つの花びらのように図全体に描かれた枠線にちりばめられている。そして宇宙の四方には、創造神テスカトリポカの身体の各部位（右上に頭、左上に腕、右下に肋骨、左下に足）が飛び散り、そこから赤い色の血液がなみなみと、宇宙の中心に鎮座する火神シウテクトリに流れ込んでいる(106)。

この図像が表現するのは、宇宙は身体の隅々にまで赤い血液を行き渡らせる、一つの《大いなる生

図41　血液が循環する宇宙　宇宙の四方に世界樹がそびえ立ち，神の体の各部位から血液が中心に流れ込む。時計針でいえば，2時方向に神の頭部，5時に肋骨，8時に足，11時に腕が描かれている（*Códice Fejérváry-Mayer,* p.1.）

命体》だということであろう。

アステカ人の供犠は、生命の力の宇宙的循環を促進する、人間の側からの能動的な行為である。この循環が滞りなく実現されるとき、《大いなる生命体》は活気づき、世界樹は大地に根を張りめぐらせ、天空に向かって幹を伸ばし、その枝に豊かに花々を咲かせる。続く章では、アステカの供犠をよりよく、より深く理解するために、この「世界樹の開花」という神話的主題に焦点を当てたいと思う。この「開花」の主題は、もう一つの重要な主題である「笑い」と強く結びついている。

第四章　花と笑い

1　タモアンチャンの花咲く木

メソアメリカの人々は、咲き誇る花たちに、神々による創造のもっとも優美な相を見た(107)。「タモアンチャンの花咲く木」という神話的主題には、花が生命の象徴であることが明瞭に現れている。先の章で、タモアンチャンは、創造神ケツァルコアトルの血液と地下世界の貴重な骨との混合から人間が創造される、特別な神話的な場所であることを示した。タモアンチャンは地上のあらゆる生命の起源の地であり、人々はこれを巨大な樹木がそびえ立つ楽園としてイメージしていた。それはアステカの詩人たちが好んで表現しようとした主題の一つであった。

次のナワトル語（アステカ人が使用していた言語）の古代詩には、タモアンチャンの楽園的ヴィジョンが鮮やかに表現されている。

神の地に、起源の地に
花咲く木が、そびえ立つ
貴いトウモロコシの穂の地
そこから、それはやって来る
黄金色の鳥、黒い鳥、褐色の鳥、青い鳥
色鮮やかな、ケツァル鳥……
タモアンチャンは、花咲く地
そこから、主よ、汝らはやって来る……
汝らは、花の庭にやって来て
花の太鼓を打ち、花の楽器を鳴らし、麗しき歌を歌う……
神の鳥は、蜂鳥《はちどり》は、はたして何を歌うのか
花の蜜を吸い、歓喜する

図42 テパンティトラの壁画のレプリカ（メキシコ国立人類学博物館）
（上）壁画上部に描かれた世界樹　根元には豊穣神が立つ
（下）壁画下部に描かれた歌い踊る人々

タモアンチャンの大樹には、花が咲きみだれ、葉が生い茂り、極彩色の鳥たちが飛びかい、明るい音楽が響きわたる。この神話的楽園は、古代の画家たちにとってもインスピレーションの源であった。当時の絵文書には、様々な姿の「花咲く木」が、神々とともに描かれている。そのイメージはアステカ時代をさかのぼる、紀元五世紀頃に繁栄をきわめた古代都市テオティワカンの人々の心をも、深く魅了

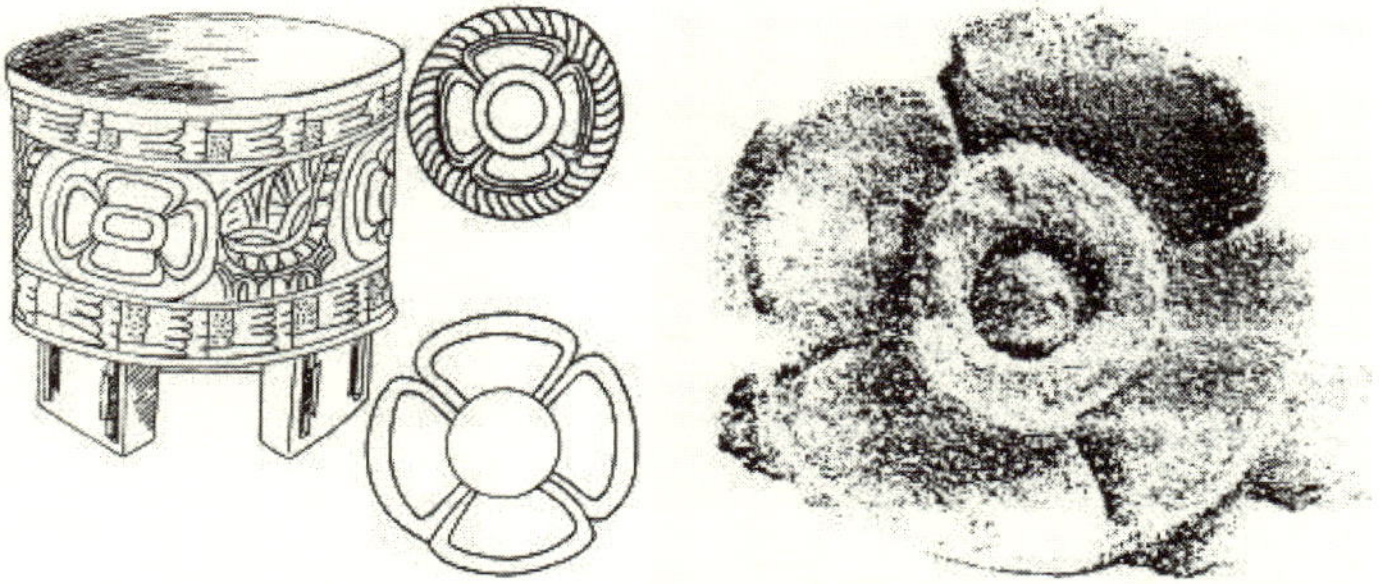

図43　テオティワカンの土器や壁に表現された花（Heyden 1985：68より引用）

していた。その遺跡で発見された「テパンティトラの壁画」には、青々とした水が湧き出る土地に、花咲く大樹がそびえ立ち、飛びかう蝶《ちょう》や鳥たちとともに、人々が歌い踊っている様子が描かれている（前頁図42）。

この「花咲く木」に加えて、テオティワカンではしばしば、土器や壁画に「花」のシンボルが表現された（図43）。そこでは四つの花弁の一つ一つが東西南北の四地区を、花の中心部は世界の中心部を表している。こうした「花」のシンボルは、宇宙の形態を静態的に表現するものというより、宇宙が創成する様子を動態的・躍動的に表現するものとして受け止められなければならない。つまり、一年の特定の時期に満を持したようにつぼみがはじけ、鮮やかな色と形をした花弁が広がるように、宇宙もまた自らを、色と形と香りを持つ一つの生命体として顕現させるのである。

筆者はメソアメリカの宗教伝統の研究を続けていく中で、こうした豊かな「花／開花」のシンボルが、もう一つの神話的主題である「笑い」と強く結びついていることに気付いた。「花／開花」はアステカ宗教を理解するための鍵である。そして「花／開花」について知るためには、「笑い」を知らなければならない。そこで以下では、ナワトル語・スペイン語文献、考古学的遺物、および現代の民族誌を史料として、アステカにおける「笑い」の主題の解釈を試みようと思う。

2　笑う詩人・笑う踊り子

花のような羽根の鳥が、花の中で歓喜する
花の蜜を吸い、花の中で歓喜する……
タモアンチャンの花咲く地から
汝は、旋回しながら降りてくる
花咲く木よ、笑いさざめく花よ（huehuetzcani xochitl）(109)

これは先の例と同じく、タモアンチャンについての古代詩の一つである。注目したいのは最後の句、「笑いさざめく花」である。古典ナワトル語では、一般に「笑う」ということを意味する動詞は「ウェツカ huetzca」である(110)。この句では語頭の hue が重複して huehuetzca となっている。文法的にはこの重複は、動詞の示す作用が空間全体に広がっていくニュアンスを表現する。先の例では、詩人のもとに到来するのは、色鮮やかな鳥にたとえられるタモアンチャンの精霊であった。この詩でも「旋回しながら降りてくる」のは「花のような羽根の鳥」であり、その飛来は「歓喜」と「笑い」の雰囲気に包まれている。

別の詩には、タモアンチャンから到来するものたちがやはり「笑い」の要素と結びついていることを示す、次のような句が含まれている。そこでは到来するものたちは、

ヒスイの笛のように、笑っている（huehuetzcaticate）
花咲く太鼓のように、言葉を発する(11)

これらの詩の内容から、次のように言うことができる。花が咲きみだれるタモアンチャンに源を発するものたちは、鮮やかな色を放ちながら、明るい音楽を響かせて、「笑い」とともに地上に到来する。そこで詩人たちはメロディ（ヒスイの笛）、リズム（花咲く太鼓）、言葉を受けとり、その口から詩がうたいだされる。ここには詩霊にうたれて、「笑い」に満たされつつ言葉をつむぐ古代メキシコ人の詩作体験が、よく表現されている。「笑い」と詩作の関わりは、別の詩で、詩人たちが「笑いに満たされた者」、あるいは「花の地で笑いながら言葉を発する歌い手」などと表現されていることから

も見てとることができる(112)。

詩人たちは「笑う者」であると同時に、「笑わせる者」でもある。詩人は詩霊にうたれて笑い、同時に、その作品によって他者を笑わせる。笑いは感染性のものであり、huehuetzca という重複表現が示すように、空間全体に広がっていく。しかし詩人が笑わせるのはまわりにいる人々ばかりではない。詩人は自らの役割について、次のように言う。

私は歌う者
神を楽しませるために
神を笑わせるために（nichuehuetzquitia）
やってきた(113)

詩人は神をも笑わせるのである。「神を笑わせる」ということは「笑い」の本質に関わることであり、後にテスカトリポカ神の笑いを扱うところで詳しく論じる。

ここではまた「詩」と「花」の関係を示すものとして、ある種の図像表現を紹介しておく。古代メキシコの図像では、人が言葉を発する様子を表現するのに、人の口の前に「フキダシ」のようなものが描かれることがある（次頁図44）。歴史家のD・ハイデンは、古代メキシコにおける「花」の表象についての著作で、この「フキダシ」に「花」が描き加えられた図像を紹介している（なお99頁図42のテオティワカンの壁画の、歌い踊る人々の口の前に描かれた「フキダシ」にも「花びら」がついている）。こうした図像は王や賢者による洗練されたスピーチの絵などによく現れるという[114]。この図44の上はアステカの神殿学校の神官＝教師が若者たちにスピーチをしているところであり、その言葉は花束のような「フキダシ」によって表現されている。図の下は市場でケープを売る女性である。その物売りの口上は、よほど気が利いていて、生き生きとしたものであったのだろう。彼女の言葉もまた花束のよう

図44《花咲く言葉》の図像的表現
（上）若者の前で演説する神官＝教師
（下）市場で物を売る女性
（*Florentine Codex,* Book 2, 10 ／ Heyden 1985：131 より引用）

な「フキダシ」で表現されている。これらはいわば、《花咲く言葉》の図像的表現であった。

ここまでは「詩作（言葉）」と「笑い」と「花」の結びつきについて見てきたが、続いてナワトル語の特定語彙をとりあげて、さらにこの「笑い」と「花」の関係について考えてみたい。

最初にとりあげるのは、ナワトル語の「ショチティア xochtia」という言葉である。これは「花」を意味する「ショチトル xochitl」という名詞と、名詞に付加されてこれを動詞化する働きをもつ -tia という部分から成り立っている。文字通りには、それは「花・する」とでも訳し得るような言葉である。しかし興味深いことに、古典ナワトル語の辞書によると、それには「笑わせる」という意味がある。

この「ショチティア xochtia」の使用例として、次のようなものがある。先に第一章で一八の祭祀について概説した際に、アステカには「アウィアニ（歓喜する者）」と呼ばれる、踊り子・売春婦・巫女の性質を併せ持つ女性集団が存在したことについて触れた。アウィアニらは重要な祭祀に参加するほか、しばしば市場など人の多く集まる場所に現れた。サアグンの『フィレンツェ文書』には、彼女たちに関する次のような記述がある。

（アウィアニたちは）顔を向ける

笑う、ひたすらに笑う（huetzca, huetzcatinemi）
笑う、笑いをふりまく（moxochtia, moxoxochtia）(115)

ここでは最後の句に、「ショチティア」が二度、使われている。このアウィアニたちは、独特の形に髪を結い上げ、化粧をほどこし、香水の香りを漂わせていた。そしてサアグンの表現によれば「バラのような」衣服を身に着け、手には花をたずさえていた(116)。華やかないでたちで、よい香りを漂わせ、笑いをふりまく彼女らは、まことに「咲う（わらう）」女性であったと言えよう。

次にとりあげるのは、「ショチウィア xochihuia」という言葉である。これは「ショチティア xochtia」と同じように、「花 xochitl」という名詞と、名詞を動詞化する -huia という語からなる言葉である。これもまた文字通りに解すれば、「花・する」というような意味になる。しかしこの言葉にも「楽しませる・魅惑する」という特別な意味がある。この「ショチウィア xochihuia」の使用例として、次のようなものがある。

花の木が、咲いている
羽根が、宙を舞う

女たち、男たちが、踊る……
羽根の鈴の木が、咲いている
我らの上に広がる
花が咲く（xochihui）
揺れる、揺れ落ちる(117)

この詩の解釈上のポイントは、この引用部が、ある女性が男性たちの前で魅惑的な踊りを披露する、という前後的文脈において出現していることである。それゆえ一行目に出てくる「花の木」、および四行目の「羽根の鈴の木」は、文字通りには、ある種の樹木のことを示すが、比喩的には、男性たちの前で踊る女性を表現したものと解される。とすればまた、六行目に現れるxochihui(a)を「花が咲く」(118)と訳する以外に、これを比喩的に解して、人々を「楽しませる・魅惑する」、と訳することも十分可能だろう(119)。そこでこの最後の六・七行目を大胆に意訳すると、次のようになる。

華やかな踊り子が、人々を楽しませ魅惑する（xochihui）
躍動する、衣装をはためかせて(120)

このように、ナワトル語では文字通りには「花・する」と訳しうる動詞が、「笑わせる」あるいは「楽しませる」「魅惑する」という意味で用いられる。「花」と「笑い」は密接に結びついている。アステカに「笑いさざめく花」という表現はあっても、「泣きしおれる花」という表現は――筆者の知る限り――史料には現れない。これはどういうことであろうか。この問いに答えるには、そもそもアステカの宗教的世界において「笑い」とはどのような出来事であったのかを、さらに詳しく考察する必要がある。そこで続く議論を、アステカの「笑う神」テスカトリポカについて論じることから始めたいと思う。

3　「笑う神」テスカトリポカ

テスカトリポカは、もっとも卓越したアステカの神の中の一柱であり、その性質は変幻自在である。それはときに文化英雄、ときに戦闘神、農耕神、治癒神、音楽神として現れる(121)。しかしテスカトリポカの卓越性が、何よりもこの神の、宇宙そのものの創造と破壊を引き起こす力に由来することは間違いない。

第二章で紹介した『メキシコの歴史』という史料の中の世界創造神話を、もう一度思い出してもらいたい。そこではテスカトリポカは、もう一柱の創造神ケツァルコアトルと協力して、原初の水の上

図45　太陽の石（メキシコ国立人類学博物館）

に浮かぶ怪物の体から天空と大地、および天空を支える柱――文献・図像史料ではしばしば「逆立ちした怪物」、あるいは世界樹として表現される（21頁図9および92頁図40を参照）――を作る。山や川や湖、動植物、人間の創造が起こるのは、この後である。

この天地創造は、一度きりのものではなかった。一般に「五つの太陽の神話」として知られるアステカ人の宇宙論では、現在、アステカ人が生きている時代は第五番目の時代であり、それ以前に世界は四度、創造と破壊を繰り返したと考えられていた。この神話的主題は、「太陽の石」と呼ばれるアステカの考古学的遺物に表現されている（図45）。「太陽の石」は直径三六〇センチ、重さ二四トンの円形の石に彫刻が施されたものであり、本来テンプロ・マヨールの中に収められていたと考えられている。この石の中央部には、カギ爪のついた手を持ち、口から供犠用ナイフの姿をした舌を突き出した神（太陽神とも大地神とも言われる）

の顔が刻まれ、それを取り囲むように、顔の右上に「4・虎《とら》」の四角形のグリフ、左上に「4・風」、左下に「4・雨」、右下に「4・水」の、計四つのグリフが彫り込まれている。そして、この神の顔と四つのグリフの全体によって、「4・動き」のグリフ（おおよそ「×」の形状）が表現されている。

ある史料によると、最初の時代は「4・虎」の時代で、この時代に生きていた人々は虎に喰われて滅んでしまった。第二番目の時代は「4・風」の時代で、暴風によってあらゆるものが破壊され、生き残った人々は猿に変身してしまった。第三番目の時代は「4・雨」の時代で、火の雨が降り注いで世界は破壊された。第四番目の時代は「4・水」の時代で、大洪水によって世界は滅亡した。そして現在の世界は第五番目の「4・動き」の時代に属するが、それもいずれは大地震によって滅亡する運命にあるとされる(122)。

これと別の史料には、最初の「虎」の時代に太陽として世界に君臨していたのはテスカトリポカであったと記されている。しかしこの神はケツァルコアトルに杖で叩かれて水中に落ち、虎に変身し、人々を喰らい滅ぼす。次の「風」の時代にはケツァルコアトルが太陽となって世界を治めたが、今度はテスカトリポカがこれを蹴り落とし、それとともに世界は滅び去る。こうして時代はさらに次へと進んでいく(123)。

これらの神話に示されるとおり、アステカ人にとってテスカトリポカは自分たちの生きる世界を創ってくれた有難い神であるが、一方で、それを容赦なく破壊する恐ろしい神でもあった。ここで筆者がこの神をとりあげるのは、一般に、この神はアステカの神々の中でも、とくに顕著に「笑い」と結びついた神とされるからである。

テスカトリポカと「笑い」の結びつきは、まずその名前に認められる。「テスカトリポカ Tezcatl-ipoca」とは「鏡の煙」という意味である。しかしこの神には、他にもいくつもの名称・呼称がある。「トロケ・ナワケ（近きものの主）」、「モヨコヤニ（自らを作る者）」、「ヨアリ・エエカトル（夜・風）」、「ティトラカワン（我らは汝の僕なり）」、そしてもう一つ、よく知られているのが「モケケロア Moquequeloa（嘲笑する者）」という名である。なぜそう呼ばれたかというと、この神はしばしば、困難な状況に陥った者を「あざ笑う」神とされたからである。『フィレンツェ文書』には、次のように記されている。

（テスカトリポカは）人々に影を投げかける。あらゆる災厄とともに、人々のもとを訪れる。彼は、人々をあざ笑う（te-quequeloaia）、人々を馬鹿にする。しかし（この神は人々に）、ときに、富、健康、武勲、勇気、威厳、権威、高貴さ、名誉などを与えた(124)。

ここでは「モケケロア Moquequeloa」の名と同じく、「ケケロア quequeloa」という動詞が用いられている。これは「笑う」という意味を持つが、先に見た「ウェツカ huetzca」が広い意味での「笑い」

を意味し、様々な文脈で用いられるのに対し、「ケケロア quequeloa」の方は基本的に「あざ笑う・馬鹿にする」といった否定的な意味で用いられる。

諸史料にしばしば現れるテスカトリポカの「あざ笑い」の中でも、それがもっとも劇的に現れるのは「トゥーラ崩壊」の神話である。古代メキシコで広く知られていたこの神話によると、かつてこの地にはトゥーラという都が、トピルツィン・ケツァルコアトル王の統治のもとで繁栄をきわめていた(125)。この都の住民はトルテカ人と呼ばれ、その文化・芸術・建築・工芸・農耕の水準は、驚異的なまでに高いものであった。『フィレンツェ文書』には次のような記述がある。

トルテカ人はとても豊かだった。食べ物は、あふれていた。野菜はとても大きくて、丸々としていた。トウモロコシは粉挽き棒くらい大きくて、とても長かった。腕で抱えきれないくらいだった。アマランサス（雑穀の一種）は木のように大きく、人が登れるほどだった。彼らは様々な色の綿花を育てた。赤、黄、薄赤、茶色、緑色……(126)

ケツァルコアトル王の民たち、トルテカ人は、高い技術を持っていた。彼らは、貴石をカットし、金を加工し、羽根細工など、他の職人仕事も、実に見事に行った。とても高い技術を持っていた。これらはいずれもケツァルコアトル王に由来した。あらゆる技術と知識は、ケツァルコアトル王に由来するものだった(127)。

ここには繁栄をきわめるトゥーラの、楽園的なイメージが示されている。トゥーラの住人たちは、それぞれの分野で、見事な仕事をしていたとされる。古代メソアメリカでは、人は生まれてきた日の運勢に応じて、もちまえの職能や性向を持つとされた（13までの数字と二〇種類の絵記号との組み合わせからなる二六〇日の祭祀暦によって、その日にどの神が地上世界に影響力を及ぼすかを知ることができた）。たとえば、花の女神ショチケツァルがつかさどる「1・花」の日に生まれた者は陽気の性質を持ち、歌、踊り、絵画の才能に恵まれるとされた。またウィツィロポチトリ神がつかさどる「1・火打石」の日に生まれた者は、勇敢で技量にすぐれた戦士になるとされた(128)。そうであるとすれば、巨大な野菜、色とりどりの綿花、優れた工芸品などに示される楽園的イメージが意味するのは、トゥーラの人々が、それぞれの場で、「木のように大きくなるアマランサス」のようにのびのびと、自分の天分を発揮していたということだろう。そして最後の文にあるように、そうした彼らの技術と知識の源泉はトピルツィン・ケツァルコアトル王であった。この古代世界の神聖王は、宇宙全体に対して大きな影響力を及ぼしていた。

だがあるとき、トゥーラは終焉を迎える。その理由について『フィレンツェ文書』には、次のように記されている。「ケツァルコアトル王とトルテカ人は、やがて無気力になってしまった」(129)。そして、突然、テスカトリポカがトゥーラにやって来る。この神はこの都を滅ぼすべく、数々の災厄を引き起こす。ここではそうした災厄のうち、本論にとって興味深く思われる三つの例をとりあげよう。

①　テスカトリポカは、トゥーラの小高い丘の上に立って、太鼓を打ち、笛を吹きながら、歌い踊り始めた。集まってきたトルテカ人たちは歓喜して、一緒になって歌い踊り始めた。そして熱狂して踊っているうちに、多くの人々が崖から転落して、死んでしまった(130)。

②　テスカトリポカは、戦士の姿をしてトルテカ人たちを呼び集めた。彼は言った、「みんな来い、花の地 Xochitlan に行くぞ、そこで地を耕し、種を植えるのだ」。人々が集まってきた。すると戦士は、つぎつぎに人々の頭を殴って、皆殺しにした(131)。

③　テスカトリポカは、男の姿をして市場の中央に現れた。男は小さな人形を手のひらの上に乗せて、それを踊らせ始めた。トルテカ人はこれを見ようと殺到し、多くが圧死した(132)。

このような災厄が他にも起こり、ケツァルコアトル王はもはやトゥーラが終焉を迎えていることを悟り、王座を放棄して都を去っていく(133)。

これを見て、テスカトリポカは笑う。失墜したケツァルコアトル王、そしてこの神聖王を失って滅亡したトゥーラを「あざ笑う」。歴史家のＰ・リセアは、古代メソアメリカにおける「笑い」について論じた『芸術における聖――メソアメリカの笑い』という著書で、そうしたテスカトリポカの「あざ笑い」がもっとも明瞭に現れている例の一つとして、『クアウティトラン年代記』という史料の中の一文を挙げている(134)。そこではケツァルコアトル王は、テスカトリポカがもたらした魔法の鏡に映った、やつれ果てた自分の顔に死相を見て、トゥーラが滅亡の運命にあることを悟り、深い失意に陥る。そして、

（ケツァルコアトル王は言った）、私は動きたくない、家臣たちに見られたくない。そこでテスカトリポカはその場を去った。そして（仲間の）イルウィメカトルとともに、ケツァルコアトル王のことを、笑った、嘲笑した(135)。

このように自らが強力な創造神でありながら、世界が崩壊する様子を見て高らかに笑う神というものは、アステカの神々の中では特異である。そのため一般に、Ｐ・リセアほかメソアメリカ宗教を研究する者に対して、このテスカトリポカの「あざ笑い」は強い印象を与えてきた。

たしかにテスカトリポカは「笑う神」であろう。しかしこの神の、失墜したケツァルコアトル王に

対する「笑い」は、「あざ笑い」である。それは本章の冒頭で示したタモアンチャンの花咲く木の、あるいはアステカの詩人や踊り子らの明るく陽気な「笑い」とは、ずいぶん性質が異なっているように思われる。

私たちは経験上、明るく陽気な「笑い」と「あざ笑い」が別のものであることを知っている。科学的な観点からしても、ある生理学者たちは「不随意の笑い（本能的・快楽的）」と「随意の笑い（社会的／嘲笑・冷笑・阿諛）」は異質な生理的現象であり、それぞれ大脳の活性化部位や、笑顔の際の顔面筋の動きなどに違いがあると指摘している(136)。本論の関心は、生理学者たちの用語を借りるなら、世界樹や詩人や踊り子たちの「不随意の笑い」にある。そうであるとすれば、このテスカトリポカ神によるケツァルコアトル王の失墜の神話伝説は、本論には直接的には関係しないトピックなのだろうか。

しかし、ここで一点だけ指摘しておきたい。それは、先にとりあげたトゥーラ崩壊の三つの災厄の例には、世界樹や詩人や踊り子についての議論の箇所で扱ったものと同じ要素、つまり①においては「歌（音楽）」「踊り」「歓喜」、②においては「花」という要素が含まれているということである。これらは先に論じたように、必ずしも「あざ笑う・馬鹿にする quequeloa」という否定的な意味での笑いに限定されない「笑い huetzca」に関連した要素である。

このことは③の、「手のひらの上で踊る人形」という主題に関しても言えることである。男が行ったことは、市場──この世の様々なモノと人が集まってくる活気に充ちた場所──における見世物芸であり、これを見ようと殺到する人々に、明るく賑やかな「笑い huetzca」の雰囲気を読み取ることは十分可能であろう。

さらに、この「手のひらの上で踊る人形」の主題は、「不随意の笑い」を問題にする本論にとって大きな意味を持っている。『フィレンツェ文書』には、神官によって「トロケ・ナワケ（テスカトリポカの別称）」に捧げられた、次のような詩が記されている。

トロケ・ナワケは、いらっしゃる
笑わせられるために（ohuallahuehuetzquitilo）
彼は、我らを、その手のひらの上に置き、回転させる
我らは、操り人形のように、回転する
我らは、彼を笑わせる（tictlahuehuetzquitia）
彼は、我らをお笑いになる（toca huetzcatica）(137)

ここには本章の前半で論じた「神を笑わせる者」という主題が、ふたたび現れ出ている。そこでは詩人は、タモアンチャンの詩霊にうたれて詩をうたうことで「神を笑わせる」者であるとされた。そ

して今、このトロケ・ナワケ＝テスカトリポカに捧げられた詩では、詩人に限らず、人というものはみな「神を笑わせる」存在であるとされる。では人は、どのようにして神を「笑わせる」のか。それはトゥーラの市場で人々が見た「手のひらの上で踊る人形」のように、テスカトリポカの「手のひらの上」で「操り人形」となって「回転する」ことによってである。

この右の詩と似た内容のものが、同じ『フィレンツェ文書』に存在する。それは新しい王の即位に際して、神官によってテスカトリポカ神に捧げられた言葉である。

汝は、既に知っていらっしゃる
（新しく即位した）王の将来がどうなるのかを
汝は、ただお楽しみになるために
笑わせられるために（titlahuehuetzquitilo）
この世界に、いらっしゃる(138)

アステカの王は、トゥーラの神聖王ケツァルコアトルがそうであったように、宇宙全体に対して大きな責任を負う。その新しい王もやはり「神を笑わせる」べくこの世に生まれた存在であり、その使命を果たすために「神の操り人形」となって踊らなければならない(139)。

しかしながら「神の操り人形となって踊る」ことで「神を笑わせる」とは、実際のところ、どういうことなのだろうか。この問いに答えるには、「笑い」についてのさらなる探求が必要である。そこで続く節では、現代メキシコ先住民の神話・伝説を手がかりに、この問題に取り組みたいと思う。

4　現代メキシコ先住民の神話における笑い

アステカ世界における「笑い」の意味を探求するに当たって、ここでは歴史家のG・オリビエの議論に注目したい。彼はテスカトリポカ神に関する包括的研究である『テスカトリポカ――アステカの神の嘲笑と変化』という著作で、この神の人間や世界の運命を左右する力と、その特質である「笑い」との関わりについて考察している(140)。そして古代世界におけるテスカトリポカの「笑い」の意味を探るために、現代メキシコの先住民集団の間で語り継がれてきたいくつかの神話的伝承を参照している。筆者もオリビエの手法に倣って、現代先住民の伝承の中に古代人の宗教性を探ってみようと思う。

まず最初に、オリビエが扱っている事例の中で本論にとってとくに重要であると考えられる、テペワ人の「踊りの起源」についての神話（原典は二〇世紀中葉に、メキシコ中央高原のプエブラ州・イダルゴ州の村で民族学者によって記録されたテペワ神話に関するW・ガルシアの著作）(141)を見てみよう。

我らが主、イエス・キリストが現れたとき、その牙が胸にくっついていた。人々は皆、これを残念に思った。そのころは、私たち人間も、そういうふうに下を向いて歩いていたらしい。人々はイエス・キリストが、顔を上げて、笑ってくれるようにと、宴を開くことにした。……皆は踊りまくった（だがキリストを笑わせることは出来なかった）。そこで二人の男が変装した。一人は婆さんの格好、もう一人は爺さんの格好をした。そしてそれぞれが、先端に七面鳥の羽根飾りのついた杖を持って……テペワ人の言葉で歌い始めた。場が盛り上がってきた。すると突然、爺さんが婆さんに後ろから抱きついた。そして爺さんは婆さんの尻を抱き抱えて、杖を振り回しながら大はしゃぎした。皆は、どっと笑った。

その時である、我らが主、イエス・キリストも顔を上げて、死ぬほど笑い出したのだ。踊りは、このとき生まれた(142)。

爺さんと婆さんが繰り広げる、明るく朗らかなエロスに充ちた踊りは、それまでうつむいていた「イエス・キリスト」を大笑いさせる。この踊り／エロティシズム／笑いの結び付きは、先にとりあげたアウィアニの踊りについての古代詩を思い出させる。なお、この「爺さんと婆さんの踊り」は、今日でもテペワの人々によって、一一月上旬の「死者の日」の催し事の一つとして実施されている（図46）。

オリビエはもう一つ、古事記の「天岩戸」神話を思わせるような、ある興味深いテペワ神話を挙げている。それは次のようなものである。あるとき、何かの理由で光の女神が地中の岩の中に隠れてしまい、世界が闇に包まれてしまった。そこで人々は、この岩の前でエロティックな踊りを踊った。光の女神はこれをのぞき見て大笑いし、岩の中から出てきた。そしてふたたび世界は光に満たされた(143)。

これらの神話をふまえて、オリビエはメキシコ先住民の宗教的世界における「笑い」について、次のような、注目に値する指摘をしている。

図46　「爺さんと婆さんの踊り」を踊るテペワの青年たち

踊りや歌（あるいはそれに類するもの）によって引き起こされる笑いは、相反する二つの状況を橋渡しする。それは特定の在り方で、「連結者」として作用し、ある一つの状況から別の状況への移行を可能にする(144)。

オリビエはこうして現代先住民の神話の考察から、ふたたび古代へと舞い戻り、テスカトリポカ神における「運命を左右する力」と「笑い」との結びつきを、二つの状況の「連結者」としての「笑い」の力から理解しようとする。

なお、W・ガルシアの原典を見てみると、（オリビエがその著作でとりあげていない）「牙が胸にくっついたキリスト」が現れる神話が、もう一つ収録されている。そこでは、このキリストは、あるとき世界中のすべての水を枯らしてしまう。しかし大工がある岩を打ち砕くと、そこからこの神が出現し、大地に水が流れ出した、と語られる(145)。これらの神話について歴史学者のC・モンテマヨールは、「牙のくっついたキリスト」は、大地の豊穣をつかさどる古代の神が、植民地期以降に名前を変えたものであると推察している(146)。そうであるとすれば、先のテペワ神話において「キリストが下を向いている状況」とは豊穣の力の喪失による宇宙の危機的状態を意味し、それが「エロティックな踊り」が引き起こす笑いとともに「顔を上げた状況」へと移行したことで、健やかな明るい世界がもたらされた、と解釈することができるだろう。

ここで筆者はさらに、オリビエが引用した「光の女神」神話と似た構造を持つ、二〇世紀中葉にメキシコ中央高原北部のナワトル語系先住民の村で記録された神話と、もう一つ、二〇世紀初頭にメキシコ北西部のヤキ族の村で記録された神話を紹介したい。

最初の神話は、次のようなものである。あるとき太陽は、世界を照らすために、洞窟に住む大蛇の口から外に出ようとした。その出口の所に、

鶫《つぐみ》などのにぎやかな小鳥たちが、ノパル（サボテン）の上にとまっていた。小鳥たちは太陽を歓迎しようと歌った。だがその歌が下手だったので、太陽の気にいらなかった。すると別の小鳥たちがやってきて、とても上手に歌い始めた。太陽はこれを聴いてとても喜び、すぐに洞窟から出てきた。人々は喜んだ。それまで人々は闇の中にいたのだが、太陽が出てきて人々を照らしたからだ(147)。

もう一つのヤキ族の神話は、次のようなものである。

イエスが生まれる前には、踊りも楽器もなかった。すべて大地の中に埋まっており、それを取り出さなければならなかった。イエスはどうすればいいか知っていた。これより前は、世界全体

は、死にみたされていた。しかしイエスが踊りや楽器をこの世にもたらすと、人々は生命を獲得した。人々はヤキの河のほとりで生きるようになった。パスクアの踊りはこのときに生まれた(148)。

さて、ここまで挙げた諸事例を見て一つ気付くことがある。それは、「牙のキリスト」の神話であれ「光の女神」の神話であれ、これらの神話はたしかにオリビエが言うところの「状況の移行」を示すものであると考えられるが、この「移行」はいずれも、枯渇から豊穣、闇から光、死から生、といった創造的な方向での移行を示している、ということである。これは本論にとって重要なポイントとなる。そこで最後に、こうした創造的移行を明瞭に示す例として、二〇世紀中葉にメキシコ中央高原東部のベラクルス州の村で民族学者によって記録された「タマカティの物語」と呼ばれるナワトル語の神話物語――どこか日本の昔話の「桃太郎」や「花咲かじいさん」を思い出させる――をとりあげる(149)。

この物語は「むかしむかし、初めて夜が明けたとき」という一文から始まる。あるとき川から不思議な卵が流れてきた。ある老夫婦がこの卵を家に持ち帰ると、やがて卵が割れ、そこから「タマカティ」という名の赤ちゃんが現れた。この子供は驚異的な速さで成長した。この子供は次のような奇跡を起こした。

あるときタマカティが川に行くと、鳥と魚が彼を馬鹿にして悪口を言った。彼は怒って、鳥と魚を殺した。老夫婦はこれを知って、鳥と魚は自分たちのものであり、これを生き返らせるようにと言った。タマカティは平然として死んだ鳥と魚のそばに行き、そこで七回、飛び跳ねた。すると鳥と魚は生き返った⒇。

あるときタマカティは思い立って、自分の本当の両親に会うために旅に出た。やがて両親の家にたどり着いたが、そこには母しかいなかった。母は食料がなくて困っていると言った。彼は母に、家に入ってみるように言った。母は家に入った、すると、

そこにはたくさんの食料、トウモロコシがあった。タマカティの力で、たくさんの食べ物が出現した(151)。

タマカティは母に、父のことを尋ねた。すると母は、父はずっと前に殺されてしまい、今は遠い場所に埋められている、と言った。そこでタマカティは、母に次のように言った。

そうですか、では父を探しに行きます。その埋められた場所で、父を生き返らせて、連れ帰ります。もし父がここに帰ってくるのが見えたら、笑ってください、踊ってください、歌ってくだ

さい。けっして泣かないでください(152)。

タマカティは母の家を出発し、やがてある島を発見し、亀の協力を得てその島に渡った。そして父が埋められている場所、ヨワルワン（夜の主の地）にたどり着き、ある木の下で、小さな弦楽器を楽しげに演奏し始めた。するとヨワルワンの住人たちが怒りだした。ヨワルワンの王がタマカティに名前を尋ねた。彼は王に「私の名前は「トウモロコシが発芽し、穂をつける地」です」と答えた。王は怒ってタマカティを幽閉した。そこでタマカティは「生きた斧」や蛇に襲われたが、首尾よくこの危機を切り抜けた。そして父の埋められている場所を探し当て、父を生き返らせた。

タマカティは父と家に向かって歩き始めたが、その途中で蜥蜴《とかげ》に、先に行って母に次のように伝えるように言った。

お願いするよ、母に伝えておくれ。もし父が着くのが見えたなら、踊るように、とても楽しく、踊るように、と。

ところが蜥蜴は誤って、タマカティの母に、父の姿を見たら泣きわめくように、と逆の内容のことを告げてしまう。そのため母は父の姿を見ると、激しく泣き出した。――そのとたん、タマカティの父は死んでしまった(153)。

以上が「タマカティの物語」である。この物語の中で、父の埋められている土地は「ヨワルワン（夜の主の地）」と呼ばれている。おそらくはこれはアステカにおける地下世界の死者の国、ミクトランに相当するような場所であろう(154)。この「夜の主」たちは、タマカティの奏でる、明るく楽しい音楽を好まない。タマカティは動植物の生命をつかさどる神であり、「笑い」と「踊り」と「音楽」によって、その強力な生の力が発揮されるからである(155)。一方、「夜の主」たちに属するのは「泣くこと」である。そしてそれは、父の死を引き起こす。

この物語には、生命と創造の力としての「笑い」が、死をもたらす「泣き」との対照において、どの物語にもまして明瞭に表現されているように思う。この話では、タマカティの父は、結局は死ぬ。それは、人は死を避けることはできないという事実をつきつける。だが、この現代メキシコ先住民の神話的物語は、生きることの意味を否定しているわけではない。ここではふたたび時代をさかのぼって、サアグンの『フィレンツェ文書』に記された、アステカの王が子供たちに語った次の言葉に目を向けてみよう。

この世に、喜びはない、満足はない。あるのは苦しみと疲れだ。この世は困難の地、嘆きの地だ。……冷たい、冷たい風が吹く。それは人の熱と光を奪う。……（この世は）そういうものだ。（しかし我らが）ただ嘆きと悲しみにくれることのないようにと、我らの主は、笑いと眠りを、我らに授けてくださった(156)。

泣くこと（苦しみと悲しみ）、そして疲労と死は、この世では避けられない。しかしアステカの王は子供たちに、この世には眠り（休息）があると語る。眠ることで、人は活力を取り戻す。そして目覚めているときには、笑うことができる。ここには先の古代詩や祈りの言葉に見られた、人は笑い、笑わせるために生きているという考えが、ふたたび表れ出ているように思う。

5　状況の創造的移行としての笑い

ここまで、いくつかの現代先住民の神話物語を検討することで、次のようなことが明らかになった。すなわち「笑い」は、オリビエの表現を用いれば、ある状況から別の状況への移行を引き起こす。しかし、オリビエがとりあげていない多くの事例が示すように、それは単なる移行ではない。闇から光へ、死から生へ、という創造的な移行である。

ただし、「笑いが創造的移行を引き起こす」という言い方には、注意が必要かもしれない。たしかにいくつかの事例に関しては、そういう言い方は可能である。しかし、先にアステカにおける詩作について論じた箇所では、詩人とは、タモアンチャンの詩霊にうたれて、「笑いに満たされつつ」言葉をつむぐ者であるとされた。とすれば「笑い」が原因となって「移行」が起こる、というより、むしろ「創造的移行」は「笑いとともに」起こる、と言ったほうが適切であろう。

そうであるとすれば、先にテスカトリポカ（トロケ・ナワケ）の祈りの言葉において、人間は「神の操り人形となって踊る」ことで「神を笑わせる」存在であるとされたことの意味は、次のように理解されるのではないか。

すなわち、アステカの宗教的世界では、この世の出来事には、つねにこの世を越えた存在の力が働いている。植物が豊穣神の力によって芽吹き、成長し、花を咲かせるように、人間も神的次元から到来する力を受けて誕生し、成長し、大人になる。人間は神話的都市トゥーラの住人、トピルツィン・ケツァルコアトル王とトルテカ人たちのように、ある者は道具や建物を作り、ある者は畑を耕し、あるいは絵を描き、詩を作る。また王に選ばれた者は、どの人間にもまして大きな仕事を遂行する。人間は自分が誕生した日に対応する特定の神の力を受けて、それぞれの場で、自らの天分を発揮する。そのようにして、一つの調和ある世界が出現する。

つまり、人が「神の操り人形となって踊る」ということは、この世界において、人が神の手足となって、その天分に応じて、神の創造のはたらきを実現すること、という意味に理解される。この創造のはたらきの実現（状況の創造的移行）は、笑いと一体である、それゆえに、人が「神の踊り」をこの世に実現するとき、そこに神の笑いがまきおこる、ということではなかろうか。そしてこの創造性において、「笑い」の主題は、タモアンチャンの木の「開花」の主題と密接に結びつくことになるのである。

筆者は先に、アステカ人の供犠は宇宙内における生命力の循環を促進する、人間の側からの能動的な行為であったこと、そしてこの循環が滞りなく実現されるとき、世界樹は大地の上で伸び栄え、豊かに花を咲かせる、ということを述べた。そしてこの章では、世界樹の「開花」の主題が「笑い」の主題と結びついていることが示された。続く最終章では、これまでの議論の内容を受けて、アステカ宗教伝統におけるもっとも重要な人身供犠の形式の一つであったと言える、「戦いの供犠」について論じようと思う。

第五章　クエポニ――戦場に咲くアステカ戦士

1　戦士の神話

伝統的社会に生きる人間にとって神話は行為と思考のための究極的な模範（アルケタイプ）である。それは相対的で有限な存在である人間が、絶対的・永遠的な生を生きることを可能にする。人間は様々な歴史的要因によって束縛されながら具体的な日常生活を営むが、神話の力に与ることによってそうした相対的次元を突破することができるのである。

さて、狩猟民や農耕民など自然と密接に関わりあって生きる人々、あるいは職人や商人など都市的環境に生きる人々が、しばしば、それぞれの生の具体的状況に即応する特色ある神話を持つように、戦士も戦いという経験の中から立ち現れてくる特有の神話を持つ。都市国家テノチティトランを中心に繁栄したアステカ王国は、その内部に様々な社会集団を抱えていた。しかし王国の成立と発展を第一義的に担っていたのは、戦士集団であった。

アステカの成人男子は、いずれも勇猛な戦士であった。とくに「虎の戦士団」と「鷲の戦士団」（図47）という二つの上級戦士団に属する者は社会の模範として崇敬され、子供たちには優れた戦士にな

図47　「鷲の戦士」の像
（テンプロ・マヨール博物館）

るための厳しい教育が施された。アステカ社会全体が、戦士の気風に貫かれていた(157)。

アステカ人は戦闘的な色彩の強い神話を、いくつか持っていた。たとえば、第二章でとりあげた、太陽に心臓と血液を捧げるために創られた五人の戦士の神話がそうである。しかし、アステカ社会においてはるかに高い重要性を持っていたのは、第一章でとりあげた、コアテペクにおけるウィツィロポチトリ誕生の神話であった。この神話では、アステカ人の守護神・太陽神であるウィツィロポチトリが、月・星の神々を打ち倒し、それにより、それまで闇のみが支配していた世界に秩序と均衡がもたらされる。この神話を儀礼的に再現するパンケツァリストリの祭祀は、テノチティトランの一八の祭祀の中でもとくに壮大・勇壮な祭祀であった。

このきわめて戦闘的な宇宙創成神話が成立した歴史的経緯について考察することは、アステカの戦士たちの宗教的実存をよりよく理解する上で意味がある。

アステカ人が生きた時代は後古典期と呼ばれ、それはいわばメソアメリカの「戦国時代」であった。一〇世紀頃の気候変動により農耕可能地域の北限が一〇〇キロほど南に後退し、半農耕・半狩猟採集の生活を送っていた民族集団の、南方への大規模な移動が起こった。そしてメキシコ盆地には一三世紀頃までに多数の民族集団が流入し、この地に古くから存在していた民族集団を巻き込んで、土地と資源をめぐる戦いが頻発するようになった。この戦乱地域に最後に到着した部族集団の一つが、ウィツィロポチトリ神を守護神とするアステカ人であった。

アステカ人は新参の弱小部族として、クルワカンやアスカポツァルコといった有力な都市国家に従属することで何とか生き延びようとした。彼らは戦時における兵の供出と重い貢納を条件として荒地に住むことを許されたが、有力都市国家にとって不都合な存在になると、すぐにその土地から追放された。そして度重なる迫害と離散の後、一三二五年にやっとテスココ湖の小島に定着した。これが都市国家テノチティトランの始まりである。しかしその後も、しばらくは彼らの苦境が変わることはなかった。

年代記製作者アルバラード・テソソモクが記した『クロニカ・メヒカーナ』という史料には、この苦難の時代におけるアステカ人の嘆きが次のように記されている。

我々の父、勇気あるアカマピチトリ王は、この隷属を、貧窮を、この湖に住むことを、苦しみつつ耐えてきた。勇気と努力をもって、我々もまた耐え忍ぶであろう。我々の父は、勇気をもって最後まで耐え忍んだのだから。……アスカポツァルコの人々、アコルワカンの人々、クルワカンの人々、これらの人々への隷属はあまりにも辛い。我々はこの厳しく惨めな隷属に耐えるしかないのだ(158)。

状況の大きな転換は、小島に定着してから約一〇〇年後に起きた。この地で覇権を握っていた都市国家アスカポツァルコで王位継承をめぐる内紛が起こり、アステカ人に独立の機会が訪れた。彼らは服従派と独立派の二つに分かれたが、最終的には第四代目のイツコアトル王のもとで独立のために戦うことを決意した。そしてテスココとトラコパンという他の都市国家と同盟を結び、激戦を経て一四三一年についにアスカポツァルコを打ち倒した。こうして従属を断ち切ることに成功すると、そのわずか一〇〇年後には、テノチティトランを盟主とする三都市同盟はメソアメリカの広い地域を支配下に置く、新大陸最大規模の王国へと爆発的に成長した。

このアステカ史において注目したいのは、先のウィツィロポチトリ誕生神話がテノチティトランの中心的神話として顕在化したのが、第五代目のモクテスマ・イルウィカミナ王（モクテスマ一世）の時代であったという点である(159)。この王は一四三一年の戦いでイツコアトル王とともに戦った、勇敢な武将であった。この戦いによって、この地域に到着したときからアステカ人の生存を脅かしてきた勢力は打倒された。いまやさらなる戦いによって、テノチティトランは自立した都市国家として目覚ましく成長し始めている。モクテスマ・イルウィカミナ王の時代は、こうした歴史的状況を身をもって生きた人々の時代であった。

生きることは戦うことである、というアステカ人の実存の構えは、このようにして成立した。彼らにとって戦いは、単に戦国の世を生き残るための手段ではなかった。それは太陽神による世界の秩序化、つまり宇宙創造の行為としての意味を持っていた。このことは彼らの宗教的表現における「戦い」と、「咲く」という象徴的表現との結びつきを見ることで、よく理解されるはずである。

2　戦場において「咲く」こと

アステカ人にとって花は優美なものであると同時に、その開花という動きにおいて、躍動的な創造の美を顕わにするものでもあった。そして彼らは、この躍動美を、戦士たちが命を賭けて戦う姿にも見出していた。

ナワトル語の古代詩のいくつかには、戦場において敵味方が入り乱れ、炎のように荒れ狂い、命を散らす様子が表現されている。ここではそうした古代詩の中から、戦いと「咲く」ことの関わりを明らかにする二篇（A・B）をとりあげる。最初の詩は次のようなものである。

《戦いについての古代詩・A》

心を酔わせるものは、そこにあった
そこでは咲いていた（oncuepontimania）
鷲の山で、戦場で、荒野で

そこには広がっていた
聖なる水、炎の原が（teoatl tlachinolli）
そこでは鮮やかな色を発していた、聖なる鷲が
そこでは咆哮していた、聖なる虎が
はじけ飛ぶ、すべての貴石が
くだけ散る、すべての貴人が(160)

さて、この詩の二行目で「咲いていた」と訳出したのは、ナワトル語の「クエポニ cueponi」という言葉である。いくつかの主要なナワトル語辞書によれば、このクエポニという言葉は、次のような意味を持っている。

① 咲く
② 発芽し成長する
③ 光り輝く
④ 火の中でものが破裂する(161)

一見すると、これら四つの意味がクエポニという一つの動詞で表現されるというのは、不思議な感じがする。諸々のナワトル語史料に目を通してみると、基本的にはこの動詞は①②のような、植物について語る文脈で頻出するようである。しかし、それ以外の文脈で使用されることも決して少なくない。

たとえば②の関連で、何かが誕生・成長するという文脈では、この動詞は植物だけではなく人間に対しても用いられる。たとえば、生まれてすぐの赤子に向けた言葉として、次のようなものがある。

汝の母、父、ケツァルコアトル神が、汝を作った
汝はヒスイである……
汝は芽吹いた、汝は誕生した（クエポニした）(162)

このクエポニという動詞は、植物や人間の誕生ということ以外にも用いられることがある。たとえば、先の第三章では古代の詩人たちの詩作体験についてとりあげたが、詩霊にうたれた詩人において言葉が生まれ出る様子を歌った、次のような古代詩が存在する。

さあ、花が降りてきた

さあ、神の歌が降りてきた
汝の家にて、高貴な鳥が語る
イツコアトル殿よ
汝の花が、咲いた（クエポニした）⑯③

このように古代のナワトル語では、美しい言葉もまた「咲く（クエポニする）」ものとされる。さらにこの動詞は、新しい王の即位、という文脈でも出現する。

治世が始まる
王権が生まれる
それは開花する（クエポニする）⑯④

これは日本語で言うところの、「黄金時代の開花」「文明の開花」などの比喩的表現に近いものであろうか。これらはいずれも①「咲く」と②「発芽し成長する」の意味合いが優勢な事例であるが、③の意味合いが優勢な事例としては、金星（明けの明星）についての次のような表現がある。

金星は、激しく光り輝く（クエポニする）
それは、ものを照らす
まるで月のように(165)

④の「火の中でものが破裂する」に関しては、この後でとりあげるので、ここでは事例は挙げないでおく。いずれにせよ、こうしてわずかな事例を見るだけでも、このクエポニという動詞がとても幅広く豊かな意味を帯びた言葉であることが分かる。実際、その意味を全体的に解明するには、網羅的な文献研究が必要であろう。ひとまずここでは、この動詞が①の「咲く」という意味を基調としつつも、実に多様な文脈で──まさに日本語の「咲く」という言葉と同じように──、なにものかが躍動的に、ときに激しい光や音を伴いながら出現する様子を表現する言葉であることを指摘しておこう。

ふたたび先の《戦いについての古代詩・A》の内容に戻ろう。そこでは動詞クエポニが、戦場で「鷲の戦士」が鮮やかに躍動し、「虎の戦士」が雄叫びを上げ、戦い、散っていく様子を描写するのに用いられている（二行目）。

ここではまた五行目の「聖なる水、炎の原 teoatl tlachinolli」という表現が注目される。「聖なる水、炎の原」はふつう「聖なる水 teoatl」を戦士が戦闘で流す血液と解して、「戦場」を意味する詩的表現であるとされる(166)。この「炎」と「水」という対立的要素の詩的結合には、きわめて強い宇宙論的な意味があると考えられる。

先に論じたように、メソアメリカの宇宙論では、地上のあらゆる生命体は天空の「熱い力」と地下の「冷たい力」の結合によって生まれるものと考えられていた。地上で植物が花を咲かせるのも、母親の胎内に子供が宿るのも、「火の力」と「水の力」の結合による。とすれば、アステカ人が戦場を「聖なる水、炎の原」と表現し、戦士が躍動して戦う様子を「クエポニする」と表現するとき、戦いもまた開花や出産と同じような創造的な出来事として体験されていたことを意味するのではなかろうか。

もう一つの古代詩を見てみよう。

《戦いについての古代詩・B》
鈴の音が鳴り響く、貴人たちは燃え輝く
創造の神「人を生かす者」は、喜びに満たされる
盾の花が、咲く（クエポニする）
畏れに満たされる、揺れ動く、大地の表は
この荒野で、人は花の死を得る
戦いが始まる、戦場で、この荒野で、貴人たちは燃え輝く

回転する、旋回する、花のごとく戦い、死ぬ

貴人らよ、戦士らよ、恐れるな
我らは望む、黒曜石の刃による死を
ただ望む、我らの心は、戦い、死ぬことを
我らは望む、この戦場で、黒曜石の刃による死を
ただ望む、我らの心は、戦い、死ぬことを

戦塵が立ち昇る
汝、創造の神「人を生かす者」の、緑が生い茂る場所に
そこで芽吹く、鷲と虎が、そこで咲く（クエポニする）
貴人らは、炎の中に立つ(167)

ここには戦場における戦士たちの躍動、鳴り物の音、振り回される剣や盾、舞い上がる砂塵などが、鮮やかに表現されている。咲く（クエポニする）の語は、三行目と一五行目の二箇所に出現している。三行目の「盾の花」と、五行目の「花の死」、七行目の「花のごとく」の三箇所では、いずれも「花」

を意味する言葉である「ショチトル xochitl」が用いられている。「盾の花」とは、色鮮やかな盾を戦士が振り回す様子を指すものと考えられる。花（ショチトル）という言葉は、クエポニと同様に戦いの文脈で頻出するものであり、しばしば他の動詞や名詞と結合して、その言葉に日本語でいう「聖なる」というニュアンスを与える(168)。

七行目の「回転する、旋回する、花のごとく戦い、死ぬ」という表現は、本論にとって非常に興味深い。この表現は第四章第3節で論じた、「手のひらの上で踊る人形」という神話的主題を思い出させる。そこではこの世における人間の営みは、「笑いとともに神の踊りを踊ること」であるとされた。実際、アステカ人は戦闘と舞踊には、相通じるものがあると考えていたようである。いくつかのナワトル古代詩は、アステカの戦士たちが戦場で躍動する姿を「舞 netotiliztli」という言葉で表現している(169)。また、テノチティトランの征服戦に参加したスペイン人の一人は、アステカ人が踊ったり歌ったりしながら戦う様子を、次のように語っている。

彼らが戦場で組む隊列は、なんとも素晴らしいものであった。戦陣を見事に組み、それは美しかった。完全に覚悟を決めて、死に向かい合う、勇敢な男たちがいた。ある者は二人の騎兵相手に奮闘し、また三騎、四騎を相手にする者もいた。スペイン人の騎手が相手を倒せないので、もう一人の騎手がやけになって槍を投げたが、インディオはそれを宙でつかみ、一時間以上も戦った。二人の歩兵が近づいて、数本の矢でインディオに傷を負わせた。彼は歩兵に向かっていこうとしたが、もう一人の歩兵が彼を後ろから捕まえて、剣で貫いた。

戦闘の間、彼らは歌い踊り、ときに激しく叫び、口笛を吹いた。彼らが有利に戦っているとき、とくにそうだった。彼らと初めて戦う者は、みなその叫び声や激しさにたじろいだ(170)。

また、次のような事例がある。テノチティトランのトラカシペワリストリという祭祀では、捕虜となった敵戦士とアステカ戦士が円形の巨石の上で一対一で戦う、一般に「剣闘士儀礼」と呼ばれる儀礼が行われていた(図48)。そこでは敵戦士は、円形巨石の中央に腰あるいは片足を縛りつけられて、数人の「虎」と「鷲」の戦士たちと命を賭して戦った。興味深いのはこの儀礼的戦闘を、戦士らは太鼓や法螺《ほら》貝の演奏に合わせて、歌い踊りながら戦ったとされる点である(171)。テノチティトランの祭祀ではしばしば戦士が踊りを披露することがあったので、ここでなされたのも同様の、高度に様式化されたいわゆる「剣舞」のごときものであったかもしれない(172)。

しかしながら、七行目「回転する、旋回する」の句が意味するのは、戦士たちは踊りながら戦ったというよりも、むしろ戦いがそれ自体でひとつの舞であった、ということではなかろうか。戦場において人が命を賭けて戦い狂うとき、その身体の躍動が独特の美として受け止められるような、そういう瞬間があったのではないか。

図48　剣闘士の儀礼　中央に「虎の戦士」（*Durán, Historia de las Indias*, vol.2.）

さらに《戦いについての古代詩・B》の二行目を見てもらいたい。そこには、「創造の神「人を生かす者」は、喜びに満たされる」とある。「人を生かす」という名を持つ神が、戦士が「花のごとく戦い、死ぬ」ことを喜ぶというのは、いかなるパラドクスであろうか。ここには生と死の意味が根底から覆されるという感じがある。この詩が詠み出される次元にあっては、生きるということは単なる生命体の生物学的存続を意味しない。ただ死なずに生きている、というのは人間の一つの存在様態ではあるだろう。しかし人間存在の意味を戦場からとらえようとするアステカ人の立場からすれば、それは、いわば《化石》が示す存在様態である。

ここで筆者は《化石》という比喩を用いた。生物が死んで化石となるように、そもそも創造的であった人間的行為が、いつしか生命力を失って形骸化することは、人の世ではつねに起こり得ることである。そうであるとすれば、そうした形骸化あるいは惰性化は、戦いという人間的行為においても起こるはずである。実際、アステカ社会において上級戦士には多大な威信と特権が与えられていたということを考えると、こうした危険性は少なからずあったと思われる。創造的行為の惰性化は、地位なり名声なり財産なり、創造以外のものへの配慮から引き起こされるからである。

この文脈において注目されるのは、八行目の「貴人らよ、戦士らよ、恐れるな」という句を受けて、九行目から一二行目まで繰り返される、戦場での死を希求する戦士たちの気持ちを詠った部分である。舞台に上がって、ただ型通りに動くだけでは、真に舞を舞うことにはならないように、戦場でただ立派な鎧を着て武器を振り回すだけでは、真に戦うことにはならない。こうした問題に面して、人間の行為を純化するのが、死を恐れず、むしろそれを希求し受け入れるという心の構えである。そしてアステカ戦士たちはこの心の構えを、次に考察する「太陽となるために自ら炎に飛び込んだ神」の神話から学んでいたものと思われる。

3　「炎に飛び込む神」の神話

サアグンの『フィレンツェ文書』には、闇がすべてを覆っていた原初のとき、いかにして神が自ら死ぬことで太陽となり、それによってすべてのこの世のものに光と熱が宿るに至ったかについての神話が記されている。それは次のように始まる。

世界が闇の中にあったとき、太陽がなかったとき、ものが照らされていなかったとき、神々はテオティワカンと呼ばれる場所に集まり話し合った。「神々よ来たれ！　さあ、誰がものを照らし、熱する役目を引き受けるだろうか？」　するとそこにいたテクシステカトルという神が「神々よ、私が引き受けよう」と言った。神々はもう一度、「他に誰かいるか」と言った。……誰も答えなかった。前に進み出るものはいなかった。皆が怖れて、しり込みした。

……そこにいたナナワツィンという神に、神々は言った。「引き受けよ、ナナワツィン」。この神はこの命令を静かに受け入れた。「神々よ、よろこんで引き受けます」。

こうして二神は苦行を始めた。テクシステカトルとナナワツィンは四日間、断食を行った。それから火が据えられた。それは炉で燃え盛った。テクシステカトルが用意したものは高価なものばかりだった。ケツァル鳥の羽根、金の器、貴石や珊瑚《さんご》の針、そしてとても良い御香。かたやナナワツィンのものは、水辺の葦草、葦草で作った器、サボテンの針。それらには彼の血が塗られていた。そして御香の代わりに自分のかさぶたを焚いた。

……それから神々はこの二神に衣装を着せた。テクシステカトルには、鷺の丸い羽根と綿布の上着を与えた。ナナワツィンには、紙でできた髪留め、肩掛け、下帯を与えた(173)。

まずここまで読んで気付くのは、裕福で威勢の良いテクシステカトルと、貧しく慎ましいナナワツィンとの対照である。前者の名前のテクシステカトルとは「巻き貝」という意味で、当時は大変な貴重品だった。そしてその名に対応するように、この神が儀礼に用いる諸々の道具や衣装（綿布の服は貴族のみが着用を許された）も高価なものばかりである。一方、後者のナナワツィンとは「かさぶた」の意味で、彼は重い皮膚の病気にかかっている神である。その植物で作った道具も紙製の衣装も、ごくありふれたものにすぎない。

さて、こうして二神は四日間の苦行を行った後に、ついに太陽となるための試練に立ち向かう。その試練とは、燃え盛る炎の中に身を投げることである。

それから神々は炎を囲んだ。……神々は炎の両側に二列になり、その中央にテクシステカトルとナナワツィンの二神を立たせた。彼らは炎に正対し、炎を見つめていた。神々はテクシステカトルに言った。「さあ、テクシステカトル、炎の中に飛び込め」。テクシステカトルは火に飛び込もうと進み出た。熱が肌に達した。それは耐え難い熱さだった。炎は激しく燃え立った。炎は立ち昇った。テクシステカトルは恐怖した。後ずさりした。……実に四回も、テクシステカトルは火に飛び込もうと試みた。だができなかった。

そこで神々はナナワツィンに叫んだ。「さあ、ナナワツィンよ、飛び込め！」ナナワツィンは、覚悟を決めた。気持ちを強くした。目をしっかり閉じた。怖れなかった。ぐずぐずしなかった。たじろがなかった。後ずさりしなかった。そして火に飛び込んだ。その体は、燃えた、クエポニした（cuecuepoca）(174)。

ここにも二神の対照がある。テクシステカトルは太陽になることを望んでいる。しかしこの神は肌を焦がす炎の熱さに怯え、後ずさりする。一方、ナナワツィンは怖れることなく炎の中に飛び込む。注目されるのは最後の一文である。すなわちこの神が炎に飛び込むと、その身体が「クエポニした」というのである。この箇所を『フィレンツェ文書』の英訳者のディブルとアンダーソンは、「ぱちぱち焼ける crackle」と訳している。先に見たとおり、クエポニという動詞には辞書的には④の「火の中でものが破裂する」という意味があるので、そのように訳しても間違いではない(175)。

しかしながらこれまで論じてきたように、この動詞には「咲く」、「発芽・成長する」、「誕生する」、「開始する」、「光り輝く」、といった豊かな意味が含まれている。そうした、いわば負荷の高い言葉が、このナナワツィン神話の核心的な部分で用いられていることは、筆者には偶然とは思われない。

この神話は、次のように続く。テクシステカトルはナナワツィンの勇気ある行為を見て、自分も火に飛び込む。そして両者は、巨大な熱と光の塊となって東の空に出現する。だが最初の勇気に欠けたテクシステカトルはナナワツィンのように光り輝くには値しないとして、神々はその面に兎を投げつけ、それが影となってテクシステカトルは太陽より光の弱い月になった。

こうして太陽は生まれたのだが、それは一箇所に留まったままであった。それゆえ他の神々は太陽が天空を進むようにと、さらに自分たち自身を生贄にした。こうしてすべての神々が死ぬことで、太陽はついに天空を運行するようになった。

4　生きるために死ぬ神

この太陽の創成の神話ではナナワツィンの英雄性が際立っている。一度は後ずさりしたテクシステカトルが、最後には炎の中に飛び込む勇気を持つことができたのは、最初にナナワツィンが炎の中に飛び込んで「クエポニ」している姿を見たからであろう。

炎に飛び込んだナナワツィンが太陽となって東の空に出現する様子は、次のように語られている。

そして出てきた、現われた、太陽が
それは真っ赤に揺れていた
その顔を見ることはできなかった
それは眩しかった

それは激しくものを照らしていた
それは熱と光を放っていた
その熱と光は、あらゆるところに広がった
その熱と光は、あらゆるところに入りこんだ(176)

この六行目の「熱と光を放っていた」という部分には、「トナ tona」という動詞が用いられている。ふつう、この動詞からなる「トナティウ tonatiuh」という言葉は「太陽」を意味する。しかし、これを文字通りに訳すと、「熱と光を放ちつつ進む」、「ものを暖め照らしながら進む」という意味になる。

このトナという言葉とクエポニという言葉には、親縁性があるように思う。トナは、熱と光がものに入り込み、諸々の生命が生じる、という創造的過程に関わる言葉である。つまり、トナは他の事物のクエポニを引き起こす壮大なクエポニなのである。太陽＝トナティウは、それが世界に及ぼす影響力において、人々が日々目撃するものの中でも、もっとも圧倒的なクエポニであったと言うことができるだろう。

この太陽創造神話と似た神話に、金星（明けの明星）の創造神話がある。『クアウティトラン年代記』によると、神聖王ケツァルコアトルはテスカトリポカ神によってトゥーラの都を追われた後、海辺にたどり着いた。そしてそこで大きな焚火を燃やし、自らその炎に身を投げた。その体が焼けると煙が天に立ち昇った。人々はその煙とともに、ケツァル鳥などの高貴な鳥たちが天空に舞い上がる姿を見た。そしてケツァルコアトルは金星（明けの明星）になったのであった(177)。

先に動詞クエポニの使用例として挙げたものの中に、金星（明けの明星）は「激しく光り輝く（クエポニする）」というものがあった。神が炎に飛び込み、天空の星としてクエポニするという構造は、ナナワツィン神話とまったく同じである。天空を力強く進む太陽、あるいは夜空に光輝く星たちは、それを見る者を、そのつど神々が炎に身を投げた神話的原初の瞬間へと引き戻したことであろう。

ナナワツィンは英雄的に死んだが、テクシステカトルは炎の前で怯えて立ちすくんだ。テクシステカトルはナナワツィンと比べて威勢が良く、身体的に恵まれていて、その持ち物も高価なものばかりである。こうした相対性の次元ではこの神は際立っているが、まさにそのことが創造の次元での障壁となっているように思う。神話的原初において問題となっているのは、太陽が在るか無いか、ものが照らされて熱を宿すようになるかならないか、つまり、世界が生まれるかどうか、ということである。ここにおいてテクシステカトルが「多いか少ないか」という相対性の次元に滞留するのに対し、ナナワツィンは「在るか無いか」という絶対的状況の中で、死を覚悟して炎の中への跳躍をなしとげ、見事にクエポニし、太陽となる。

先の《戦いについての古代詩・B》における、「ただ望む、我らの心は、戦い、死ぬことを」という句は、戦いの場にあるアステカ戦士もまた、クエポニするかしないかという瀬戸際で、必死の戦いを戦っていたことを示すものではなかろうか。そうした危機的状況にあってナナワツィンの英雄的行為は、ウィツィロポチトリ誕生神話に語られる神の偉業と並び、アステカ戦士たちにとってもう一つの神話的模範となったに違いない。

アステカの死生観においては、戦場で戦って死んだ男たちと、難産で死んだ女たち――新しい生命を産み出そうと命をかけて「戦った」女たち――の魂は、死後に天空に昇り、太陽の従者となって日々の運行のお供をすると考えられていた。戦いの中で雄々しく死んでいった人々の魂は、肉体の死の後も、無に帰することなく存続する。それは炎の中に飛び込んで太陽となった神の魂と一つになり、天空において燦々と光り輝く。

5　笑うアステカ戦士

本章の最後に、実際に戦場におもむくアステカ戦士たちが、いかに自らの迷いを断ち切って、英雄的な戦いに臨もうとしていたかを示す事例を紹介しよう。『クロニカ・メヒカーナ』には八代目の王であるアウィツォトルによる、テノチティトランから遠く離れたテワンテペク地方への遠征についての記述がある。そこでは決戦を前にしたアステカ戦士たちの様子が、次のように語られている。

隊長たちは戦士たちの一人一人を励ました。……隊長たちは、花の戦場において死ぬことの、偉大なる勇気と名誉について語った。戦士たちは大声をあげ、涙をまき散らしながら、起ち上がった。そしてお互いに抱き合った。再び会うことはあるまい、死ぬか、勝つかだ、と思いつつ。そして武器を身につけ始めた。お互いに味方だと分かるように、顔と足を黒く染めた(178)。

隊長たちがこのとき語ったのは、ウィツィロポチトリ神の栄光の物語であったろう。また、すべての迷いを捨てて炎に飛び込み、燦々と燃え輝く太陽となった、ナナワツィンの勇気についてであったろう。アステカ戦士たちは、高揚感に満たされて咆哮し、感涙にむせぶ。ともに戦う仲間たちと抱き合い、「再び会うことはない」と思い定め、「死ぬか、勝つか」の場所へとおもむく。もはや戦士たちにとって大切なことは、「火」と「水」の力がせめぎあう「花の戦場」において見事に咲く（クエポニする）ことだけである。彼らは既に、燃え盛る炎の前に立つナナワツィンの透明な心的境地へと、突き抜けている。

アウィツォトル王の時代には、アステカ王国の版図はイツコアトル王の時代と比較にならないほど拡大していた。テノチティトランは人と富で溢れ、アステカの神々を祀るテンプロ・マヨールは、王国の拡大に比例して壮麗壮大なものとなっていった。

本章の冒頭で、アステカ人はイツコアトル王の時代に、戦いによって生存の危機を脱したと述べた。しかしながらそれは、この時代以降、アステカ人が生命の危険のないところで安穏に暮らしていたということではない。彼らは国が大きくなっても、西のタラスコ王国をはじめとする強国に、ときに壊滅的敗北を喫しながらも、戦いを挑み続けた。彼らは一五二一年のスペイン征服によって滅亡するそのときまで、戦場で死と向き合い続けた。

《大いなる生命体》である大宇宙が、その身体の隅々まで、生命の力を宿した血液によって潤されるとき、タモアンチャンの大樹は豊かに花を咲かせ、その笑い声は宇宙全体に響きわたる。――ならば、アステカ戦士たちもまた、笑っていたのではなかろうか。スペイン人征服者との最後の戦いにおいて、疾走しながら、回転しながら、咆哮しながら、黒曜石の刃をふりまわし、己と敵の血を戦場にまき散らしていたとき、アステカ戦士たちは、花のように咲《わら》っていたのではなかろうか。

結び　宗教現象における創造の力

本書で筆者は、アステカ人の宗教伝統の核心的要素である人身供犠（生贄の儀礼）を、一六世紀のスペイン語・ナワトル語文献、征服前後に作成された絵文書、考古学的遺物、さらには現代先住民の神話伝説などを史料として、宗教学的な視点から考察した。宗教学的視点とは本書の場合、神話や儀礼などの現象を、《聖なるもの》と関わりあう人間の創造的活力の発現として理解するという、宗教学特有の解釈学的視点のことを指す。すでに第二章の第4節と第5節で宗教現象の解釈に関する議論を行ったが、この「結び」では、とくに宗教学の方法論に興味のある読者のために、「宗教」および「宗教学」とは何かということについての、筆者の根本的な考え方を示しておこう。ただし宗教学の小難しい議論に興味のない方は、この部分は読み飛ばしてもらってもいい。

創造の力に充たされて生きることが、宗教的な生を生きるということである。創造的であるということは、宗教的であるということに等しい。それゆえ、ふつう一般には「宗教的」とはみなされないような現象であっても、十分に「宗教的」な性質を帯びたものを、我々はあらゆる場所に見出すことができる。逆に「宗教」の名がつけられた行為や思想や集団が、その実、世俗的なものに堕してしまっているということも多々ある。このとき、人は創造の力の源泉から離れてしまっているのであり、かつて躍動していたかもしれぬその生は形骸化し、いわば化石のごときものとなる。

この《化石》の比喩は、宗教学の祖の一人と言われるR・オットーの著作から筆者が拝借したものである。彼は『聖なるもの』（一九一七年）という著作において、宗教と呼ばれるものの根底には「聖」の体験があることを力強く主張した。それは人間的世界・自然的世界を超越した絶対的他者との出会いの体験であり、この体験こそが宗教を宗教たらしめ、活気づけ、充実させるというのである(179)。そしてオットーは、この「聖」の体験から離れた者が、たとえば「神」なり「救済」なりの言葉を口にしたとしても、それらの言葉は生命力を失った形だけのもの、つまり《化石》のようなものにすぎないと述べている(180)。

この『聖なるもの』の出版からしばらくして後、宗教学における二〇世紀のもう一人の巨人であるJ・ヴァッハは、『宗教社会学』（一九四七年）、『宗教の比較研究』（一九五八年）等の著作において、宗教を他の人間的現象とは異なる、それ特有の性質・次元を有した現象として理解するための、いくつかの重要な概念と視座を提示した。

ヴァッハによれば宗教体験とは、第一に、「究極のリアリティ Ultimate Reality」の体験であり、そのように体験されるものへの「感応 response」である。それは有限的・相対的なものの体験ではなく、また「感応」であるという点では、単なる主観的な思い込みでもない。第二に、それは「全人格的」な体験である。そこでは人は「究極のリアリティ」に、知性や感情や意思のいずれかといった部分的な在り方ではなく、自らの実存全体において関わる。第三に、それは人に可能な限り、もっとも力強く、包括的、衝撃的、そして深遠な体験である。第四に、それは動機付けと行動のもっとも強力な源泉である。そこでは体験は単なる体験に留まらず、必然的に人を具体的な思考や行動へと突き動かす(181)。

人間は「究極のリアリティ」に「感応」し、意識的にであれ無意識的にであれ、特定の思考や行動――それらは神話や聖典の形成、祭祀や儀礼の遂行、信仰共同体の発生などの形態をとる――へと突き進む。ヴァッハがこのように言うとき、必ずしも「感応」と「思考や行動」の関係を因果論的に捉えていたわけではないようである。すなわち彼の議論においては、前者によって後者が生じるという事態だけでなく、既に形としてある後者を通して前者が起こるという事態もまた、視野に収められている(182)。とすれば、様々な形態を有した「思考や行動」が宗教的な活力で充たされるという出来事、あるいは充たされているという状態が「感応」である、という言い方も可能かもしれない。

二〇世紀最大の宗教学者と言われるM・エリアーデは、『聖と俗』（一九五七年）、『世界宗教史』（一九八三年）等の著作において、オットーやヴァッハによって示された宗教現象の特有性・独自性という視点を継承しつつ、さらに彼自身の新たな解釈概念を打ち出すことで、自立的な学問分野としての宗教学を大きく進展させた。エリアーデは古今東西の多様な宗教伝統を研究の対象としたが、宗教現象そのものに対する解釈の視座は明快で一貫している。『聖と俗』には次のように述べられている。

人が《聖なるもの the sacred》を知るのは、それが自らを、《俗なるもの the profane》とは全く異なるものとして顕わにするからである。……諸々の宗教――もっとも原初的なものから高度に発達したものにいたるまで――の歴史は、膨大な数のヒエロファニーに、すなわち聖なるリアリティの顕れに、充ちている。……どの事例においても、私たちは同じ神秘的な出来事に直面する。それはすなわち、全く異なった秩序に属するもの――この世には属さないリアリティ――の、「俗なる」世界を構成する諸事物における顕現、という出来事である(183)。

《聖なるもの》は《俗なるもの》とは質的にまったく異なるものとして体験される。しかしながらこの《聖なるもの》は、あくまでも《俗なるもの》――この世の諸々の事物――において、私たちの生の舞台であるこの世界に顕現する。それは一個の石として、木として、水として、天空、太陽、大地として、自ら顕れる。それはまた諸々の人間行為、すなわち直立、歩行、呼吸、詩、歌、踊り、祈り、結婚、戦い、さらには狩猟や農業や漁業の営みにおいて、この世に顕れ出る。《聖なるもの》の《俗なるもの》における顕れ、これをエリアーデはヒエロファニーと呼び、世界中の宗教伝統において生起した現象をヒエロファニーとして描写することこそ、宗教学の使命であると定めたのである。

もしエリアーデが言うように、この世の諸事物が、そして人間の様々な日常的行為が、超世界的・超自然的であるところの《聖なるもの》の、この世における弁証法的（パラドキシカル）な顕現たり得るならば、そしてその体験が、ヴァッハの表現を用いれば、人間にとってもっとも「包括的・衝撃的」で「深遠」な体験であるならば、そこに次のようなパラドクスが生じることになるだろう。それはすなわち、人間は、もっとも人間的でないもの（絶対的他者）とのつながりにおいて行為するとき、もっとも真正なる人間性を獲得する、というパラドクスである(184)。そこには世界内的な存在としての人間に対する、根本的な否定の契機が含まれている。

宗教学者の荒木美智雄は、『宗教の創造』（一九八七年）という著書において、ヒエロファニーが人間にもたらす「危機」について次のように述べている。

ヒエロファニーは、同時に宗教的人間にとって実存的危機である。……宗教的人間はヒエロファニーによって自分の全存在が問いに付され、自分が置かれていた実存的状況が「突破され」、超越的なものに「開かれる」ことになると同時に、そこに顕になった「聖なるもの」によって自分の世界内存在の様態を解釈し、未来の可能性に向かって自分の存在構造の再編を迫られるのである(185)。

もし荒木が言うように、ヒエロファニーがそれに関わる人間の「全存在を問いに付す」ものであるとすれば、この概念を解釈の根本に据える筆者もまた、相応の実存的危機にさらされることになるだろう。なぜなら《聖なるもの》との関わりの中でその激しい生を生きたアステカ人を解釈するということは、解釈者である筆者自身もそのヒエロファニーに巻き込まれ、呑み込まれるということを意味するからである。しかしながら筆者はこの危機を、本書の議論において、すすんで引き受けたつもりである。

本書で筆者は、アステカ人の宗教的実存に接近し、その躍動的な生の在りようをとらえ、それを言葉によって描き出すことを試みた。――この試みがうまくいけば、筆者はアステカ人とともに、《聖なるもの》への「開け」において自己の実存状況を「突破」することができる。そして、それまで十分に自覚することのなかったもう一つの自己の人間性の在り方を、解釈対象の中に発見することができる。このような《発見》は、結局のところ、新たなる存在様態をおびた人間―世界―宇宙が、創造の力の充溢の中でその姿を顕わにする、そうした瞬間に立ち会うことに等しい。そしてこれこそが、本書の究極的な目標であったのだが、果たしてそれは達成されたであろうか――。

以上が、「宗教」および「宗教学」に関する、筆者のもっとも基本的な考え方である。では最後に、各章の内容をふりかえってみよう。

第一章では、アステカ人の宗教伝統の基本的性格について論じた。まず彼らの宗教伝統において際立った重要性を持っていたテノチティトランの一八の年中の祭祀、および五二年に一度催される「新しい火の祭り」の概要を示した。そして彼らの宗教伝統の基底をなす、宇宙についての基本的なものの見方である「二元論的宇宙論」の概要を示し、そうした宇宙論がよく表現されている例として、一八の祭祀の一つであり、アステカの守護神・太陽神であるウィツィロポチトリの誕生を再現する儀礼であるパンケツァリストリの祭祀について論じた。そしてそれが、宇宙に宿る「熱い力」と「冷たい力」という二種類の力の、融和（聖婚）とせめぎあい（戦争）を通して、宇宙に均衡と調和の状態を打ち立てようとする試みであったことを示した。

第二章ではアステカ供犠の実相に接近した。まず、この宗教的行為においては「神々に血を捧げる」という神話的主題が際立っており、この主題を中心に従来のアステカ供犠論が展開してきたことを示した。そしてそうした従来的議論がしばしば《機械のアナロジー》に基づいてアステカ供犠を説明してきたことで、この宗教的行為のリアリティに接近することを難しくしてしまっていることを指摘した。

第三章では、第二章で示した問題を乗り越えるべく、「神々から血を頂く」という神話的主題の重要性を明らかにし、アステカ供犠をよりよく理解するためのアナロジーとして《大いなる生命体》という概念を提示した。そしてアステカ宗教においては、供犠によって宇宙の生命力としての血液が《大いなる生命体》の体内を循環し、そこで様々な事物が生成するという出来事が、「世界樹の開花」という象徴的表現によって表現されていたことを示した。

第四章では前章で示された「世界樹の開花」という神話的主題が、「笑い」という神話的主題と強く結びついていることを論じた。最初にアステカの宗教的な古代詩に見られる「タモアンチャンの花咲く木」という主題を検討し、さらに古代の詩人の詩作体験や、アウィアニ（踊り子・売春婦・巫女）の事例などを取り上げながら、アステカ人の宗教伝統において「花」と「笑い」の主題の間には密接な関係があることを示した。それから「笑う神」テスカトリポカに関して、「神話的都市トゥーラの崩壊」の伝説を始めとするいくつかの事例を検討し、そこに「神の操り人形となって笑いながら踊る」という主題が認められることを示した。

最後に現代メキシコ先住民の神話をとりあげ、そこでは「笑い」「歓喜」「踊り」等の要素が世界創成の出来事と一体のものとして語られており、この創造性という点において、これらの要素が「世界樹の開花」の主題と結びつくものであることを明らかにした。

第五章ではそれまでの議論の内容を受けて、アステカ人身供犠の重要な形式の一つであった「戦いの供犠」について考察した。まず最初に、アステカ人にとってもっとも重要な神話的アルケタイプの一つであったウィツィロポチトリ誕生神話が、アステカ人のいかなる歴史的経験の中から生まれたものであるかを論じた。それから、いくつかのナワトル語古代詩において、戦場で命をかけて戦うアステカ戦士たちの様子が、「クエポニ cueponi（咲く・発芽する・輝く・破裂する）」という動詞によって表現されており、戦いの主題が「開花」の主題と強く結びついていることを明らかにした。

最後に、この「クエポニ」という動詞が、「炎の中に飛び込んで太陽となった神」の神話の重要な局面で使用されていることを示し、アステカ戦士たちはこの神話を究極的模範として、戦場において、歌いながら、踊りながら、そして笑いながら、宇宙創成の瞬間を華々しく生きようとしていたということを論じた。

以上が各章の内容である。筆者は本書で、アステカ人の宗教的実存を共感的に描き出すことに努めた。なぜなら、アステカ人がいかなる歴史的状況の中で、いかなる思考様式において行為していたかということを、単に概説書的に、客観的・価値中立的に説明しただけでは、アステカ人の宗教的実存を真に理解したことにはならないと考えたからである。

むろん客観的・価値中立的な議論は、解釈を遂行する上での（必要不可欠な）準備段階ではある。しかし宗教現象の理解は、自然科学のような冷たい知性だけでは不十分である。そうした《説明》のレベルにとどまり続けることは、結果的には、研究対象となる他者を研究者自身の実存とは無関係な存在として突き放すこと、さらには精神的・倫理的に劣った存在として切り捨てることにつながるだろう。

今、我々が試みるべきことは、対象を《解釈》することである。それは諸史料が顕わにするアステカ供犠の宗教的世界の中に、解釈者が自らの実存を投げ込み、その躍動的な生を自分自身の生として生き直し、そこに開けわたる意味地平を、言葉によって描き出すということである。そのようにして我々は、《聖なるもの》の創造の力に触れることができる。そしてメソアメリカ・アステカ研究が本格化して半世紀以上が経過した現在、そのための準備は、おおよそ整っているのである。

注

第一章

（1）メソアメリカ、およびアステカ人の歴史・社会・文化・宗教の基本的性格については次を参照。杉山三郎・嘉幡茂・渡部森哉『古代メソアメリカ・アンデス文明への誘い』風媒社、二〇一一年、二〇～八〇頁。井上幸孝編著『メソアメリカを知るための58章』明石書店、二〇一四年、一二三～一五七頁。高山智博『アステカ文明の謎――いけにえの祭り』講談社、一九七九年。R・タウンゼント著、武井摩利訳『図説アステカ文明』創元社、二〇〇四年。C・タウベ著、藤田美砂子訳『アステカ・マヤの神話』丸善、一九九六年。H. B. Nicholson, "Religion in Pre-Hispanic Central Mexico", in, *Handbook of Middle American Indians*, vol. 10, Austin, Unversity of Texas Press, 1971; David Carrasco, *Religions of Mesoamerica: Cosmovision and Ceremonial Centers*, San Francisco, Harper and Row, 1990.

（2）ベルナール・ディアス・デル・カスティーリョ著、小林一宏訳『メキシコ征服記（一）』岩波書店、一九八六年、三四九頁。

（3）Fray Bernardino de Sahagún, *Florentine Codex: General History of the Things of New Spain, Book 1-12*, Arthur J. O. Anderson and Charles E. Dibble, trans., Santa Fe, The University of Utah, 1950-1982, Book 2; Diego Durán, *Historia de las Indias de Nueva España*, II, México, Editorial Porrúa, 1984.

以下、一八の祭祀や「新しい火の祭り」の説明は、アステカ宗教に馴染みのない一般読者のために、筆者がその内容を分かりやすくまとめたものである。実際は史料に記された諸祭祀の内容はより複雑であり、解釈の難しい記述内容も多く含まれている。その詳細に興味のある方、より厳密な議論を望まれる方は、次の文献を参照されたい。Burr Cartwright Brundage, *The Fifth Sun, Aztec Gods, Aztec World*, Austin, University of Texas Press, 1979; *The Jade Steps: A Ritual Life of the Aztecs*, Salt Lake City, University of Utah Press,1985; Michel

Graulich, *Ritos aztecas: Las fiestas de las veintenas,* México, INI, 1999.

(4) Sahagún, *Florentine Codex,* Book 2, p. 42.

(5) Ibid., p. 45.

(6) Ibid., p. 48.

(7) メソアメリカでは、人間が神々の魂を分有することで「生き神 hombre-dios」となる宗教的伝統が存在した。詳しくは次の拙稿を参照。Takashi Iwasaki, "Man-gods", in, *The Oxford Encyclopedia of Mesoamerican Cultures,* Davíd Carrasco, ed., vol. 2, Oxford, Oxford University Press, 2001, pp. 163–164.

(8) Durán, p.95.

(9) Sahagún, Book 2, p. 5.

(10) Durán, p. 247.

(11) Sahagún, Book 2, p. 61.

(12) Ibid., p. 63.

(13) Ibid., p. 66.

(14) Ibid. Durán, p. 39.

(15) Sahagún, Book 2, p. 70.

(16) Ibid., p. 71. Durán, p. 44.

(17) Sahagún, Book 2, p. 82.

(18) Ibid., p. 83. Durán, p. 259.

(19) Sahagún, Book 2, p. 89.

(20) Ibid., p. 92.

(21) Ibid., p. 94.

(22) Ibid., p. 98.

(23) Ibid., p. 105.

(24) Ibid., p. 108.

(25) アステカの宗教伝統におけるエロティシズムの主題、およびアウィアニについては、次の議論を参照。Noemí Quezada, *Sexualidad, amor y erotismo: México prehispánico y México colonial,* México, Plaza y Valdes, 1996, pp. 104–141. またワステカが担っていた宗教的シンボリズムについては、次の議論を参照。Patrick K. Johansson, "La imagen del huasteco en el espejo de la cultura náhuatl prehispánica", *Estudios de Cultura Náhuatl,* 44, 2012, pp. 65–133.

(26) Ibid., p. 11.

(27) Ibid., p. 113. Durán, p. 119.

(28) Sahagún, Book 2, p. 115.

(29) Ibid., p. 117. Durán, p. 271.

(30) Sahagún, Book 2, p. 118. Durán, p. 275.

(31) Sahagún, p. 121.

(32) Ibid., p. 124.

(33) Ibid., p. 128.

(34) Ibid., p. 129.

(35) Ibid., p. 132.

(36) Ibid., p. 133.

(37) Ibid., p. 136.

(38) Ibid., p. 137.

(39) Ibid., p. 139.

(40) Ibid., p. 152. Durán, p. 287.

(41) Sahagún, Book 2, p. 153.
(42) Ibid., p. 156.
(43) Ibid., p. 158.
(44) Ibid., p. 160.
(45) Ibid., p. 162. Durán, p. 291.
(46) 一年の時間の中でネモンテミが有している宗教的シンボリズムについて、筆者はサアグンらの史料を基に次で論じた。岩崎賢「ネモンテミとテスカトリポカ」『ラテンアメリカ・カリブ研究』第7号、二〇〇〇年、一一一二頁。また次を参照。Gerónimo de Mendieta, *Historia Eclesiástica Indiana*, vol. 1, México, CONACULTA, 1997, p. 211; Juan Bautista Pomar, *Relación de Tezcoco*, in *Documentos para la Historia de México*, México, Imprenta de Francisco Díaz de León, 1970, p. 41.
(47) アステカの「新しい火の祭り」については、次で詳しく論じた。岩崎賢「テノチティトランの死と再生」『古代アメリカ』第四号、二〇〇一年、五九～七六頁。
(48) Sahagún, Book 2, p. 27.
(49) Ibid.
(50) Ibid., p. 28.
(51) Ibid., pp. 29-31.
(52) メソアメリカの宇宙論の基本的構造については、次を参照。ロペス・アウスティン著、井上幸孝・岩崎賢訳「メソアメリカの宇宙観」『イベロアメリカ研究』第XXIII巻、二〇〇一年、(1)前期・七五～九四頁／(2)後期・一一三―一三四頁。また宗教学・人類学における宇宙論の主題に関する一般的議論として、ここでは次の著作を挙げておく。岩田慶治『コスモスの思想――自然・アニミズム・密教空間』ＮＨＫブックス、一九七六年。
(53) 世界樹の数は東西南北で四本、これに中心の木を合わせると五本になる（あるいは東西南北の木は、中心の木の《分身》とみなすこともできる）。ロペス・アウスティン「メソアメリカの宇宙観（2）」、一一九頁。

(54) Sahagún, Florentine Codex, Book 3, pp. 1–5.

(55) Sahagún, Florentine Codex, Book 2, p. 145.

(56) Heather S. Orr, "ballgame," in, *The Oxford Encyclopedia of Mesoamerican Cultures*, vol. 1, pp. 75–78.

(57) 本論では、メキシコ高原中央部の民族集団の宗教性をよく表現するものとされる「ボルジア・グループ」と呼ばれる絵文書群（*Códice Borgia, Códice Laud, Códice Cospi, Códice Vaticano B, Códice Fejérváry-Mayer*）の中の図像を、主に使用している。「ボルジア・グループ」を初めとするメソアメリカの絵文書の基本的性質については次を参照。"Códices prehispánicos" , in, *Arqueología Mexicana*, vol. IV, n. 18, México, 1997; Miguel León-Portilla, *Códices: los antiguos libros del Nuevo Mundo*, México, Aguilar, 2003; Eduardo Seler, *Comentarios al Códice Borigia*, I・II, México, FCE, 1963; Gisele Díaz and Alan Rodgers, *The Codex Borgia: A Full-Color Restoration of the Ancient Mexican Manuscript with a New ntroduction and Commentary by ruce E. Byland*, London, Dover Publications, 1993; Krystyna M. Libura, *Los días y los dioses del Códice Borgia*, México, Ediciones Tecolote, 2000.

(58) Sahagún, Florentine Codex, Book 2, p. 146.

(59) 一方、トラロク神が祀られていた神殿の北側半分は、「食べ物の山」トナカテペトルを表現していた。Eduardo Matos Moctezuma, *The Great Temple of the Aztecs*, London, Thames and Hudson, 1988, pp. 37–42.

(60) レオン・ポルティーリャはこの神を食糧神トナカテクトリであるとしている。Miguel León-Portilla, "El Tonalámatl de los Pochtecas (Códice Fejérvary-Mayer)" , in, *Arqueología Mexicana*, ed. especial, n. 18, México, 2005, pp. 76–77.

(61) 次の史料には、コヨルシャウキはウィツィロポチトリの母であったと記されている。つまりコヨルシャウキとコアトリクエは同一の存在だということである。Alvarado Tezozómoc, *Crónica Mexicáyotl*, México, UNAM, 1992, p. 34.

第二章

（62） モトリニーア著、小林一宏訳『ヌエバ・エスパーニャ布教史』岩波書店、一九七九年、九八頁。

（63） Mary Miller and Karl Taube, *An Illustrated Dictionary of The Gods and Symbols of Ancient Mexico and the Maya,* London, Thames & Hudson, 1993, p. 46.

（64） Ibid., p. 64.

（65） Diego Durán, *Historia de las Indias de Nueva España,* II, México, Editorial Porrúa, 1984, p. 377.

（66） Ibid., p. 376.

（67） Fray Bernardino de Sahagún, *Historia general de las cosas de Nueva España,* México, CONACULTA, 2002, p.799.

（68） Jesús Monjarás Ruiz, ed., *Mitos cosmogónicos del México indígena,* INAH, 1987, p. 179.

（69） 二〇世紀のメキシコの先住民の間で、古代的な宗教性がいかに根強く息づいていたかについては、次の拙論を参照されたい。岩崎賢「メキシコ革命と大地母神の神話」松村一男・山中弘編『神話と現代』リトン、二〇〇七年、四〇一～四二三頁。

（70） 岩崎賢「アステカ宗教の新たな理解に向けて」『ラテンアメリカ・カリブ研究』第13号、二〇〇六年、一～一〇頁。

（71） Alfonso Caso, *El pueblo del sol,* México, FCE, 1992 [1953], p. 118.

（72） Jacque Soustelle, The Four Suns, New York, Grossman Publishers, 1971; Christian Duverger, *La flor letal: Economía del sacrificio azteca,* México, FCE, 1979; Yólotl González Torres, *El sacrificio humano entre los mexicas,* México, FCE, 1985.

この他一九八〇年代以降のアステカ供犠に関する主要な研究として、次のようなものがある。E・マトス・モクテスマは『メソアメリカの人身供犠』所収の論文で、アステカ人は太陽運行と宇宙存続を確かなものとするために供犠を行った、という基本的理解に立って議論をしている（Eduardo Matos Moctezuma, “The Templo Mayor of Tenochititlan: Economics and Ideology”, in, *Ritual Human Sacrifice in Mesoamerica, A Conference at*

Dumbarton Oaks, October 13th and 14th, 1979, Elizabeth H. Boone, ed., Washington, D. C, .Dumbarton Oaks, 1984, pp. 133–164.)。M・グロリシュは『アステカの儀礼――月例の祝祭』で、アステカ人は心臓を捧げることで「「世界機械」の作動を維持すべく、あらゆるものに動きを与えようとした」と述べている（Michel Graulich, *Ritos aztecas: Las fiestas de las veintenas,* México, INI, 1999, p. 6, 43）。これらの議論には、カソの議論の影響が強く認められる。

A・ロペス・アウスティンは『タモアンチャンとトラロカン』で、宇宙の「熱い力」と「冷たい力」が諸事物の間を循環する在り様を詳細に議論しつつ、人身供犠に関しては、それは宇宙的力の「移動の唯一の形態ではなく、また最も重要なものというわけでもない」という立場をとっている（López Austin, *Tamoanchan y Tlalocan,* México, FCE, 1994, p. 33）。筆者の議論はこのロペス・アウスティンの動的宇宙論に多くを負っているが、ことアステカ人に関しては人身供犠はほかの宗教的行為よりも重要度は高かったと考える。

D・カラスコは『供犠の都』において「宇宙―魔術的円環」という概念によって上述のロペス・アウスティンの動的宇宙論と同様の議論を提示しつつ、とくに供犠の宇宙創成論的な性格について論じている（Davíd Carrasco, *City of Sacrifice: The Aztec Empire and the Role of Violence in Civilization,* Boston, Beacon Press, 1999, p. 190）。

杉山三郎は『人身供犠・軍事主義・統治者』で、テオティワカンの南北軸である「死者の大通り」の北区域は天空世界に、南区域は地下世界に対応しており、人身供犠はこうした空間的シンボリズムとの関連で実施されていたという興味深い指摘をしている（Saburo Sugiyama, *Human Sacrifice, Militarism, and Rulership: Materialization of State Ideology at the Feathered Serpent Pyramid, Teotihuacan,* Cambridge, Cambridge University Press, 2005, pp. 220–223）。

最後に挙げるのは、本テーマに関する最新の論文集『メソアメリカ宗教伝統における人身供犠』である。これに収録された諸論文の中で特に注目されるのは、G・オリビエの論文（「ミミシュコアの供犠のシンボリズム」）であり、そこではアステカ供犠における「再生の力を秘めた骨」のシンボリズムが詳細に論じられている

（Guilhem Olivier, “El simbolismo sacrificial de los Mimixcoa”, in, *El sacrificio humano en la tradición mesoamericana,* López Luján y Guilhem Olivier, ed., México, INAH, UNAM, 2010, pp. 453–482）。これは供犠における「血」のシンボリズムを重視する本論にとっても、興味深い内容である。

（73）“Leyenda de los soles”, in, *Códice Chimalpopoca,* México, UNAM, 1992, p. 123.

（74）Rafael Tena, *Mitos e historias de los antiguos nahuas,* México, CONACULTA, 2002, p. 41.

（75）Ibid., pp. 151–153.

（76）岩崎賢「アステカ宗教の新たな理解に向けて」、三頁。

（77）Kay A. Read, *Time and Sacrifice in the Aztec Cosmos,* Bloomington, Indiana University Press, 1998, pp. 127, 154.

（78）クリフォード・ギアツ著、梶原景昭訳『ローカル・ノレッジ』岩波書店、一九九一年、三七頁。

（79）Caso, p. 96.

（80）供犠一般に関する代表的な議論について、筆者は次の箇所で批判的に検討した。岩崎賢『メシーカ人の供犠の宗教学的研究――解体と確立』（筑波大学博士論文）二〇〇五年、一五～二七頁。ここでは本論にとって重要度の高い次の著作を挙げておく。M・モース、H・ユベール著、小関藤一郎訳『供犠』法政大学出版局、一九八三年。A・E・イェンゼン著、大林太良訳『殺された女神』弘文堂、一九七七年。M・エリアーデ著、中村恭子訳「神話の創造力」『宗教学と芸術』せりか書房、一九七五年、一一七～一四二頁。

（81）チャールズ・H・ロング「アーケイズムと解釈学」J・M・キタガワ編、堀一郎監訳『現代の宗教学』東京大学出版会、一九七〇年、八六頁。

（82）Mircea Eliade, *The Quest: History and Meaning in Religion,* Chicago, The University of Chicago Press, 1969, pp. 2–3.

（83）喜田川仁史「創造的解釈学について」『宗教研究』第77巻（4）、二〇〇四年、一四九～一五〇頁。

第三章

（84）この図像の解釈、および人間や動物の血を神々に捧げるという主題に関して、次の論文を参照。Michel

Graulich and Guilhem Olivier, "¿Deidades insaciables? La comida de los dioses en el México antiguo", *Estudios de Cultura Náhuatl*, 35, 2004, pp. 121–155.

(85) *Códice chimalpopoca*, México, UNAM, 1992, pp. 120–121.

(86) たとえば、次を参照。Burr Cartwright Brundage, *The Jade Steps: A Ritual Life of the Aztecs*, Salt Lake City, University of Utah Press,1985, p. 157; Miller and Taube, "autosacrifice", in, *An Illustrated Dictionary of The Gods and Symbols of Ancient Mexico and the Maya*, p. 42.

(87) たとえば、次の「アステカ創世神話」という事典項目におけるこの神話の扱われ方を参照。D・M・ジョーンズ、B・L・モリノー著、蔵持不三也監訳、井関睦美・田里千代訳『ビジュアル版世界の神話百科（アメリカ編）』原書房、二〇〇二年、一九〇〜一九四頁。

(88) たとえば、次の箇所におけるこれらの神話の扱われ方を参照。González Torres, "Sacrifice and ritual violence", in, *The Oxford Encyclopedia of Mesoamerican Cultures*, D. Carrasco ed., vol. 3, Oxford, Oxford University Press, 2001, p. 102; Miller and Taube, "sacrifice", in, *An Illustrated Dictionary of The Gods and Symbols of Ancient Mexico and the Maya*, p. 144.

(89) 夜明けの金星の神であるトラウィスカルパンテクトリは、しばしば矢を持った姿で描かれる。この矢は金星の光を表現する。Miller and Taube, p. 166.　なおSelerはこの図像に関して、矢の刺さった心臓は「法的制裁」を、太陽から流れ出る血は「神聖な力あるいは王権の力」を表現するとコメントしている。Eduardo Seler, *Comentarios al Códice Borigia*, I, México, FCE, 1963, p. 36.

(90) 同様の「血を流す太陽」の図像は、次の箇所にも描かれている。*Códice Vaticano B*, pp. 2, 3, 6, 7, 26, 44.　とくにpp. 26, 44は、太陽と星の両方から液体（血と水）が地上に降り注いでいる様子を表現する、きわめて興味深い図像である。

(91) この図像に関してはAguileraの解説を参照。*Códice Cospi*, pp. 42, 50.　またこの図像に関してSelerは、太陽から流れ出る血の下に描かれているのは、制裁の神としてのテスカトリポカの顔であるとコメントしている。

Seler, *Comentarios,* I, pp. 50–51.

(92)　この図像に関しては Anders and Jansen の解説を参照。*Códice Laud,* p. 224.

(93)　この図像に関しては Anders, Jansen and A. P. Jiménez の解説を参照。*Códice Vindobonensis,* p. 148.

(94)　この図像に関しては León-Portilla の解説を参照。“El Tonalámatl de los Pochtecas”, p. 85.　Seler はこの図像との関連で、「血を流す太陽」の図像は先スペイン期の絵文書においてしばしば見られるとコメントしつつ、残念ながらそれについての詳しい解釈は行っていない。Seler, *Comentarios,* II, p. 90. また Anders, Jansen and P. Jiménez はこの血を流す太陽は、『ボルジア絵文書』に描かれている太陽神の供犠の図像と関係があるというきわめて重要な指摘をしている。*Códice Fejérváry-Mayer,* pp. 274–275.

(95)　この図像に関しては León-Portilla の解説を参照。“El Tonalámatl de los Pochtecas” , p. 70.　また『ボルジア絵文書』の次の箇所には、この図像と類似する、太陽神が子供のへその緒を手にしている様子を表現する図像が描かれている。*Códice Borgia,* p. 15.

(96)　この図像に関して Seler は上方に描かれた神は、地下世界を進む「夜の太陽」であるとコメントしているが、それが血を流していることの意味、下方の球技場が赤い色で塗られていることの意味については、とくに踏み込んだ解釈はしてない。Seler, *Comentarios,* II, p. 42. この図像の基本的な意味についてはまた Anders, Jansen and García の次の箇所の解説を参照。*Códice Borgia,* pp. 225–226.

(97)　この「血を流す黒い球」に関して、Seler はこれは右側の黒いテスカトリポカが球技場の中に投げ込んだものであるとコメントしているが、それ以上はとくに詳しい解釈は行っていない。Seler, *Comentarios,* I, p. 214.

(98)　この図像の月の部分は、Diaz and Rodgers の同箇所の復元図像を参考に筆者が修正を施したものである。

(99)　González Torres, *Diccionario de mitología y religión de Mesoamérica,* México, Larousse, 1991, p. 106.

(100)　月から流れ出る水の図像として、たとえば次の箇所を参照。*Códice Borgia,* plate 17, 18.

(101)　この図像に関しては、次の箇所の解説を参照。León-Portilla, “El Tonalámatl de los Pochtecas”, p. 73; *Códice Fejérváry-Mayer,* p. 257.

(102)　子供の心臓から流れ出る血が何を意味しているかは解釈が難しい。Anders, Jansen and García はこれを、ミクテカシワトルが子供に乳（血）を与えると同時に、その心臓を貪り喰らう様子を描いたものであると解説している。*Códice Borgia*, p. 115.

(103)　この文脈において注目されるのは、P・アーノルドのアステカにおける「食」についての議論である。彼はトラロク神の祭祀における子供の供犠は、人間に日々の食料を恵んでくれる神に対して、人間自らが「食べ物」となってお返しをする行為であり、そこには「食」という行為を媒介にした、宇宙と人間との強烈な一体感が認められると指摘している。Philip P. Arnold, *Eating Landscape: Aztec and European Occupation of Tlalocan*, Niwot, University Press of Colorado, 1999, p. 151.

(104)　この図は plate 49 から描かれている世界の五本の世界樹の最後のもの、すなわち中心の世界樹を表現するもので、左にいる神はケツァルコアトル、右はマクイルショチトルである。Díaz and Rodgers, p. xxvii.

(105)　A・ロペス・アウスティンは「血を流す樹木」は創造の地タモアンチャンのシンボルであるという。彼はいくつかのタイプの世界樹の神話や図像に関して、次で詳しく論じている。López Austin, *Tamoanchan y Tlalocan*, pp. 76–94.

(106)　この図像に関しては、次の箇所の解説を参照。León-Portilla, “El Tonalámatl de los Pochtecas”, pp. 20–21; *Códice Fejérváry-Mayer*, pp. 175–184.

第四章

(107)　メソアメリカにおける「花」のシンボリズムに関する議論として、次を参照。Doris Heyden, *Mitología y simbolismo de la flora en el México prehispánico*, México, UNAM, 1985; Robert M. Laughlin, “El símbolo de la flor en la región de Zinacantan”, *Estudios de Cultura Maya II*: 123-139, UNAM, 1962; Jane H. Hill, “The Flower World of Old Uto-Aztecan”, *Journal of Anthoropological Research*, vol. 48, 1992; Kelley Hays-Gilpin/Jane H. Hill, “The Flower World in Material Culture: An Iconographic Complex in the Southwest and Mesoamerica”, *Journal of*

Anthoropological Research, vol. 55, 1999.

(108) ナワトル語古代詩の解釈については、ビアホーストの英訳とガリバイのスペイン語訳を参照した。John Bierhorst, *Cantares Mexicanos: Song of the Aztecs,* Stanford, Stanford University Press, 1985, p. 187; A. María Garibay K., *Poesía Náhuatl,* México, UNAM, 2000, II, p. 8.

(109) Bierhorst, p. 347.

(110) 本論では、ナワトル語の語彙の意味、文章の解釈に関して、一般にもっとも信頼性が高いとされる、次のナワトル語辞書・文法書を参照している。Fray Alonso de Molina, Vocabulario en Lengua Castellana y Mexicana, México, Editorial Porrúa, 1992; Remi Simeón, *Diccionario de la Lengua Nahuatl o Mexicana,* México, Siglo XXI, 2001; Frances Karttunen, *An Analytical Dictionary of Nahuatl,* Norman, The University of Oklahoma, 1992; Michel Launey, *An Introduction to Classical Nahuatl,* New York, Cambridge University Press, 2011.

(111) Bierhorst, p. 165, Garibay, II, p. 111.

(112) Bierhorst, pp.371, 247.　また次の箇所を参照。Ibid., pp. 223, 369, 397.

(113) Bierhorst, p. 193, Garibay, II, p. 16.

(114) Heyden, p. 131.

(115) *Florentine Codex,* Book 10, p. 56. この最後の句を英訳者のアンダーソンとディブルは「吐く、吐いてまわる」と訳している。たしかに xochtia には「吐く」という意味もある。しかし一般に『フィレンツェ文書』では「吐く」の意味では ihzotla が用いられており（*Florentine Codex,* Book 10, pp. 149, 150, Book 11, pp. 125, 132）、xochtia は、筆者が確認した限りこの意味では用いられていない。またサアグンのスペイン語テクストでは、このナワトル語テクストに対応する箇所には「笑いを振りまいて歩く」という文が記されており、「吐く」という言葉はない。Fray Bernardino de Sahagún, *Historia general de las cosas de Nueva España,* A. López Austin y J. García Quintana, ed., México, CONACULTA, 2002, tomo 2, p. 891.

(116) Ibid.

(117) Bierhorst, p.399, Garibay, III, p. 67.

(118) ひとまず引用部にはビアホーストやガリバイの訳に従って「花が咲く」という訳をつけておいた（xochihui のあとの a がないのは、脱落、あるいは過去形であるためと解される）。

(119) さらにこの部分を「笑わせる」という意味にとることも可能である。この「ショチウィア xochihuia」とよく似た言葉として、「ショチウィア xochhuia」という言葉が存在する。その意味は先の「ショチティア xochtia（笑わせる）」とまったく同じである。このほか興味深いものとして xochimati という言葉がある。これは文字通りには「花・知覚する」という意味だが、noxochimati という使い方で「歓喜する」という意味になる。

(120) なお、ビアホーストらが「揺れ落ちる」と訳した最終句のナワトル語原文は「ツェツェロア tzetzeloa」であるが、この動詞には「服をゆらす」という意味がある。

(121) Cartwright Brundage, *The Fifth Sun*, pp. 80–101.

(122) “Leyenda de los soles”, pp. 119–121.

(123) Tena, pp. 33–34.

(124) *Florentine Codex*, Book 1, p. 5.

(125) ここでは創造神話で活躍する創造神ケツァルコアトルと、伝説で語られるトゥーラの神聖王トピルツィン・ケツァルコアトルを、ひとまず区別しておく。この問題については次を参照。David Carrasco, *Quetzalcóatl and the Irony of Empire*, Chicago, The University of Chicago Press, 1982.

(126) *Florentine Codex*, Book 3, p. 14.

(127) Ibid., p. 13.

(128) *Florentine Codex*, Book 4, pp. 19, 41.

(129) *Florentine Codex*, Book 3, p. 17.

(130) Ibid., p. 23.

(131) Ibid., p. 25.

(132) Ibid., p. 27.
(133) Ibid., p. 38.
(134) Planchart Licea, *Lo sagrado en el arte: la risa en Mesoamérica,* México, Universidad Veracruzana, 2000.
(135) "Anales de Cuauhtitlán", in, *Códice Chimalpopoca ,* p. 9.
(136) 清水彰・角辻豊・中村真『人はなぜ笑うのか』講談社、一九九四年、八五～八七頁。
(137) *Florentine Codex ,* Book 6, p. 51.
(138) Ibid., p. 18.
(139) さらに他の箇所には、新王自身による神への誓いの言葉として、「我々は神を笑わせるであろう」という一文がある（Ibid., p. 61.）。また類似表現として次の箇所を参照。Ibid., pp. 42, 44.
(140) Guilhem Olivier, *Tezcatlipoca, Burlas y metamorfosis de un dios azteca,* Tatiana Sule, trans., México, FCE, 1997.
(141) Williams García, *Mitos tepehuas,* México, SEP, 1972.
(142) Olivier, 1997, p.44,（Williams García, p. 93）.
(143) Ibid.
(144) Ibid., p. 45.
(145) Williams García, p. 85.
(146) Carlos Montemayor, *Arte y trama en el cuento indígena,* México, FCE, 1998, p. 28.
(147) Monjarás Ruiz, *Mitos cosmogónicos del México,* México, INAH, 1987, p. 190.
(148) Ibid., p. 259.
(149) Julieta Campos, *La herencia obstinada,* México, FCE, 1982.
(150) Ibid., p. 164.
(151) Ibid., p. 166.
(152) Ibid., p. 166.

(153) Ibid., p. 169.

(154) この神話と同類の物語として、マヤの神話『ポポル・ブフ』を参照されたい。そこでは双子の兄弟が、大地の下にある死者の国におもむき、死の王と対決し、地上に生還する。*Popopl Vuh: Las antiguas historias del Quiché*, Adrián Recinos, trans., México, FCE, 1986（A・レシーノス著、林屋永吉訳『ポポル・ブフ』中公文庫、一九七七年）.

(155) 別の神話ではタマカティは「トウモロコシの主」と呼ばれる。Campos, p. 173.

(156) *Florentine Codex*, Book 2., p. 93.

第五章

(157) アステカの軍事組織の詳細や、戦争が社会の形成と維持に果たした役割などについては、次のような研究が存在する。Ross Hassig, *War and Society in Ancient Mesoamerica*, Oxford, University of California Press, 1992; Pedro Carrasco and Johanna Broda, *Estratificación social en la Mesoamérica prehispánica*, México, CIS-INAH, 1976. またバタイユは『呪われた部分』において、アステカ人の戦いの宗教体験論的次元について論じている。その議論はきわめて興味深く迫力のあるものであるが、概して彼の関心は、創造に先立つ破壊の局面の様相を描き出すことに向けられている。この点で、創造の局面に重点を置く本書とは趣を異にする。ジョルジュ・バタイユ著、生田耕作訳『呪われた部分』二見書房、一九七三年。

(158) Alvarado Tezozómoc, *Crónica mexicana*, México, Editorial Porrúa, 1987, p. 234.

(159) このことは「双子の神殿」において発見されたコヨルシャウキの石版の制作年代が、モクテスマ・イルウィカミナ王の時代以降であることに示されている。Matos Moctezuma, *The Great Temple of the Aztecs*, p. 141.

(160) Bierhorst, p. 151.

(161) Molina と Siméon の辞書の該当箇所を参照。

(162) *Florentine Codex*, Book 6, p. 31.　別の箇所では、子供が一人前の大人として成人するという意味でこの動詞が使用されている。Ibid., p. 214.

(163) *Poesía Náhutl*, I, p. 22.　言葉のクエポニの例として、また次を参照。Ibid., p. 23; Bierhorst, p. 179.

(164) *Florentine Codex*, Book 6, p. 64.

(165) *Florentine Codex*, Book 7, p. 11.

(166) Angel María Garibay K., *Llave del nahuatl*, México, Porrúa, 1978, p. 370.

(167) Bierhorst, p. 159.

(168) たとえばこれが「戦い yaoyotl」と結合すると「聖なる戦い xochiyaoyotl」という意味になり、「死 miquiztli」と結合すると「聖なる死（聖戦における死）xochimiquiztli」という意味になる。戦いの文脈における「花／ショチトル」の意味に関しては、次で論じた。岩崎賢「先スペイン期メキシコにおける「花の戦い」再考」『ラテンアメリカ研究年報』No. 21、二〇〇一年。

(169) *Poesía Náhutl* I, p. 20, II, p. 23.　ガリバイによると「踊る花」は戦士を意味するという。Angel Maria Garibay K., *Historia de la literatura nahuatl* México, Editorial Porrúa, 1992, p. 101.

(170) Anonymous Conqueror, "The Chronicle of the Anonymous Conqueror." in, Patricia de Fuentes, ed. *The Conquistadores*, New York. Orion Press. 1963.

(171) Sahagún, *Florentine Codex*, Book 2, pp. 49-52 ; Juan Bautista Pomar, "Relación de Tezcoco", in, *Nueva colección de documentos para la historia de México*, vol. 3, J. García Icazbalceta, ed., México, Imprenta de Francisco Díaz de León, 1970, p. 19.

(172) 諸大祭における戦士の舞踊については次を参照。Cartwright Brundage, *The Jade Seps*, pp. 17–20.

(173) *Florentine Codex*, Book 7, pp. 3–9.

(174) Ibid.

(175) この箇所に対応するサアグンのスペイン語テクストは、次のようになっている。「その後で、火の中で焼いたようにバチバチ焦げはじめた、ジュウジュウと音を立てた（y luego comenzó a rechinar y respendar en el fuego,

como se asa)」。*Historia general,* p. 696.

(176) *Florentine Codex,* Book 7, p. 7.

(177) "Anales de Cuauhtitlán", p. 36.

(178) Alvarado Tezozómoc, 1987, p. 541.

結び

(179) ルドルフ・オットー著、山谷省吾訳『聖なるもの』岩波書店、一九六八年、四八頁。

(180) 前掲書、九七頁。

(181) ヨアヒム・ヴァッハ著、渡辺学・保呂篤彦・奥山倫明訳『宗教の比較研究』法蔵館、一九九九年、四五～八〇頁。

(182) たとえば、ヴァッハが「礼拝」や「舞踏」について語っている次の箇所を参照されたい。前掲書、一二六、一五七頁。

(183) Mircea Eliade,*The Sacred and the Profane: The Nature of Religion,* trans. by Willard R. Trask, San Diego, A Harvest Book, 1987 [1957], p. 11（ミルチャ・エリアーデ著、風間敏夫訳『聖と俗――宗教的なるものの本質について』法政大学出版局、一九九〇年、三頁）.

(184) 実際、こうした考えは、エリアーデが新たなる宗教研究の在り方について論じた「新しいヒューマニズム」（一九六九年）という論文の基幹をなしていたと思われる。近代西洋世界に誕生した宗教学が世界中の様々な宗教伝統に目を向け、その「奇異 foreign」な事象の理解に努めることは、《西洋中心主義》という意味での「古いヒューマニズム」を乗り越える試みであったろう。しかし、より根本的な意味では、「新しいヒューマニズム」は、《人間中心主義》という意味での「古いヒューマニズム」を、世界中の宗教現象をヒエロファニーとして理解することを通して克服しようとする試みであったと考えられる。Mircea Eliade, "A New Humanism", in, *Quest: History and Meaning in Religion,* Chicago, The University of Chicago Press, 1969, pp. 3-4.

(185)　荒木美智雄『宗教の創造力』講談社、二〇〇一年、四六〜四七頁。(『宗教の創造力』は一九八七年に法蔵館より出版された『宗教の創造』の増補版である)。

参考文献

和　書

荒木美智雄『宗教の創造力』講談社、二〇〇一年

イェンゼン、A・E著、大林太良訳『殺された女神』弘文堂、一九七七年

井上幸孝編著『メソアメリカを知るための58章』明石書店、二〇一四年

岩崎賢「ネモンテミとテスカトリポカ」『ラテンアメリカ・カリブ研究』第7号、二〇〇〇年、一～一二頁

――「先スペイン期メキシコにおける「花の戦い」再考」『ラテンアメリカ研究年報』第21号、二〇〇一年、八七―一一一頁

――「テノチティトランの死と再生」『古代アメリカ』第四号、二〇〇一年、五九～七六頁

――『メシーカ人の供犠の宗教学的研究―解体と確立』（筑波大学博士論文）二〇〇五年

――「アステカ宗教の新たな理解に向けて」『ラテンアメリカ・カリブ研究』第13号、二〇〇六年、一～一〇頁

――「メキシコ革命と大地母神の神話」松村一男・山中弘編『神話と現代』リトン、二〇〇七年、四〇一～四二三頁

――「クエポニ―戦場に咲くアステカ戦士」『宗教学・比較思想学論集』第12号、二〇一一年、一～二三頁

――「花は笑う―アステカ人の宗教における創造のシンボリズム」『宗教研究』第87巻三七六号、二〇一三年、一三一～一五六頁

――「アステカ人の供犠―頂くことと捧げること」『古代アメリカ』第十七号、二〇一四年、一～二四頁

岩田慶治『コスモスの思想―自然・アニミズム・密教空間』NHKブックス、一九七六年

エリアーデ、ミルチャ著、中村恭子訳『宗教学と芸術』せりか書房、一九七五年

――風間敏夫訳『聖と俗―宗教的なるものの本質について』法政大学出版局、一九九〇年

オットー、ルドルフ著、山谷省吾訳『聖なるもの』岩波書店、一九六八年
ギアツ、クリフォード著、梶原景昭訳『ローカル・ノレッジ』岩波書店、一九九一年
喜田川仁史「創造的解釈学について」『宗教研究』第77巻（4）、二〇〇四年
清水彰・角辻豊・中村真『人はなぜ笑うのか』講談社、一九九四年
ジョーンズ、D・M／B・L・モリノー著、蔵持不三也監訳、井関睦美・田里千代訳『ビジュアル版世界の神話百科（アメリカ編）』原書房、二〇〇二年
杉山三郎・嘉幡茂・渡部森哉『古代メソアメリカ・アンデス文明への誘い』風媒社、二〇一一年
タウベ、カール著、藤田美砂子訳『アステカ・マヤの神話』丸善、一九九六年
タウンゼント、リチャード著、武井摩利訳『図説アステカ文明』創元社、二〇〇四年
高山智博『アステカ文明の謎――いけにえの祭り』講談社、一九七九年
ディアス・デル・カスティーリョ、ベルナール著、小林一宏訳『メキシコ征服記（一）』岩波書店、一九八六年
バタイユ、ジョルジュ著、生田耕作訳『呪われた部分』二見書房、一九七三年
ヴァッハ、ヨアヒム著、渡辺学・保呂篤彦・奥山倫明訳『宗教の比較研究』法蔵館、一九九九年
モース、M／H・ユベール著、小関藤一郎訳『供犠』法政大学出版局、一九八三年
モトリニーア著、小林一宏訳『ヌエバ・エスパーニャ布教史』岩波書店、一九七九年
レオン＝ポルティーヤ、ミゲル著、山崎真次訳『古代のメキシコ人』早稲田大学出版部、一九八五年
レシーノス、A著、林屋永吉訳『ポポル・ブフ』中公文庫、一九七七年
ロペス・アウスティン著、井上幸孝・岩崎賢訳「メソアメリカの宇宙観」『イベロアメリカ研究』第XXIII巻、二〇〇一年、（1）前期・七五～九四頁／（2）後期・一一三～一三四頁
ロング、チャールズ・H「アーケイズムと解釈学」J・M・キタガワ編、堀一郎監訳『現代の宗教学』東京大学出版会、一九七〇年

洋 書

CONACULTA=Consejo Nacional para la Cultura y las Artes
FCE=Fondo de Cultura Económica
INAH=Instituto Nacional de Antropología e Historia
INI=Instituto Nacional Indigenista
SEP=Secretaría de Educación Pública
UNAM=Universidad Nacional Autónoma de México

Alvarado Tezozómoc, *Crónica mexicana,* México, Editorial Porrúa, 1987.

———, *Crónica Mexicáyotl,* México, UNAM, 1992.

"Anales de Cuauhtitlán", in, *Códice Chimalpopoca.*

Arnold, Philip P., *Eating Landscape: Aztec and European Occupation of Tlalocan,* Niwot, University Press of Colorado, 1999.

Bierhorst, John, *Cantares Mexicanos: Song of the Aztecs,* Stanford, Stanford University Press, 1985.

Campos, Julieta, *La herencia obstinada,* México, FCE, 1982.

Carrasco, Davíd, *Quetzalcóatl and the Irony of Empire,* Chicago, The University of Chicago Press, 1982.

———, *Religions of Mesoamerica: Cosmovision and Ceremonial Centers,* San Francisco, Harper and Row, 1990.

———, *City of Sacrifice: The Aztec Empire and the Role of Violence in Civilization,* Boston, Beacon Press, 1999.

Carrasco, Pedro and Johanna Broda, *Estratificación social en la Mesoamérica prehispánica,* Mexico, CIS-INAH, 1976.

Cartwright Brundage, Burr, *The Fifth Sun: Aztec Gods, Aztec World,* Austin, University of Texas Press, 1979.

———, *The Jade Steps: A Ritual Life of the Aztecs,* Salt Lake City, University of Utah Press,1985.

Caso, Alfonso, *El pueblo del sol,* México, FCE, 1992 [1953].

Códice Borbónico. El libro del cihuacoatl. Homenaje para el año del fuego nuevo, introducción y explicación de F. Anders, M. Jansen and L. R. García, México, FCE, 1991.

Códice Borgia. Los templos del cielo y de la obscuridad. Oráculos y liturgia, introducción y explicación de F. Anders, M. Jansen and L. R. García, México, FCE, 1993.

Códice chimalpopoca, México, UNAM, 1992.

Códice Cospi. Calendario messicano 4093 Biblioteca Universitaria de Bolonia, estudio de C. Aguilera, México, INAH, SEP, 1988.

Códice Fejérváry-Mayer. El libro de Tezcatlipoca, Señor del Tiempo, introducción y explicación de F. Anders, M. Jansen and L. R. García, México, FCE, 1993.

Códice Laud. La pintura de la muerte y de los destinos, introducción y explicación de F. Anders, M. Jansen and L. R. García, FCE, México, 1994.

Códice Magliabechiano, introducción y explicación de F. Anders and M. Jansen, FCE, México, 1996.

Códice Nuttall (The Codex Nuttall), A. G. Miller, ed., London, Dover Publication, 1975.

Códice Telleriano-Remensis (Codex Telleriano-Remensis), Eloise Quinones Keber, ed., Austin, University of Texas Press, 1995.

Códice Vaticano A, introducción y explicación de F. Anders and M. Jansen, FCE, México, 1996.

Códice Vaticano B, introducción y explicación de F. Anders and M. Jansen, FCE, México, 1993.

Códice Vindobonensis. Origen e historia de los reyes mixtecos, introducción y explicación de F. Anders, M. Jansen and G. A. P. Jiménez, FCE, México, 1992.

"Códices prehispánicos" , in, *Arqueología Mexicana,* vol. IV, n. 18, México, 1997.

Díaz, Gisele and Alan Rodgers, *The Codex Borgia: A Full-Color Restoration of the Ancient Mexican Manuscript with a New ntroduction and Commentary by ruce E. Byland,* London, Dover Publications, 1993.

Durán, Diego, *Historia de las Indias de Nueva España,* II, México, Editorial Porrúa, 1984.

Duverger, Christian, *La flor letal: Economía del sacrificio azteca,* México, FCE, 1979.

Eliade, Mircea, *The Sacred and the Profane: The Nature of Religion,* trans. by Willard R. Trask, San Diego, A Harvest Book, 1987 [1957].

———, "A New Humanism", in, *Quest: History and Meaning in Religion,* Chicago, The University of Chicago Press, 1969.

García, Williams, *Mitos tepehuas,* México, SEP, 1972.

González Torres, Yólotl, *El sacrificio humano entre los mexicas,* México, FCE, 1985.

———, *Diccionario de mitología y religión de Mesoamérica,* México, Larousse, 1991.

———, "Sacrifice and ritual violence", in, *The Oxford Encyclopedia of Mesoamerican Cultures,* D. Carrasco ed., vol. 3, Oxford, Oxford University Press, 2001.

Garibay K., Angel Maria, *Historia de la literatura nahuatl,* México, Editorial Porrúa, 1992.

———, *Poesía Náhuatl,* I, II, III, México, UNAM, 2000.

Graulich, Michel, *Ritos aztecas: Las fiestas de las veintenas,* México, INI, 1999.

Graulich, Michel and Guilhem Olivier, "¿Deidades insaciables? La comida de los dioses en el México antiguo", *Estudios de Cultura Náhuatl,* 35, 2004, pp. 121–155.

Hassig, Ross, *War and Society in Ancient Mesoamerica,* Oxford, University of California Press, 1992.

Hays-Gilpin, Kelley and Jane H. Hill, "The Flower World in Material Culture: An Iconographic Complex in the Southwest and Mesoamerica", *Journal of Anthoropological Research,* vol. 55, 1999.

Heyden, Doris, *Mitología y simbolismo de la flora en el México prehispánico,* México, UNAM, 1985.

Hill, Jane H., "The Flower World of Old Uto-Aztecan", *Journal of Anthoropological Research,* vol. 48, 1992.

Iwasaki, Takashi, "Man-gods", in, *The Oxford Encyclopedia of Mesoamerican Cultures,* Davíd Carrasco, ed., vol. 2,

Oxford, Oxford University Press, 2001, pp. 163–164.
Johansson, Patrick K., "La imagen del huasteco en el espejo de la cultura náhuatl prehispánica", *Estudios de Cultura Náhuatl,* 44, 2012, pp. 65–133.
Karttunen, Frances, *An Analytical Dictionary of Nahuatl,* Norman, The University of Oklahoma, 1992.
Laughlin, Robert M., "El símbolo de la flor en la región de Zinacantan", Estudios *de Cultura Maya II*: 123–139, UNAM, 1962.
Launey, Michel, *An Introduction to Classical Nahuatl,* New York, Cambridge University Press, 2011.
León-Portilla, Miguel, , *El destino de la palabra,* México, FCE, 1996.
———, *Códices: los antiguos libros del Nuevo Mundo,* México, Aguilar, 2003.
———, "El Tonalámatl de los Pochtecas (Códice Fejérváry-Mayer)" , in, *Arqueología Mexicana,* ed. especial, n. 18, México, 2005.
"Leyenda de los soles", in, *Códice Chimalpopoca.*
Libura, Krystyna M., *Los días y los dioses del Códice Borgia,* México, Ediciones Tecolote, 2000.
Licea, Planchart, *Lo sagrado en el arte: la risa en Mesoamérica,* México, Universidad Veracruzana, 2000.
López Austin, Alfredo, *Tamoanchan y Tlalocan,* México, FCE, 1994.
Matos Moctezuma, Eduardo, "The Templo Mayor of Tenochititlan: Economics and Ideology", in, *Ritual Human Sacrifice in Mesoamerica, A Conference at Dumbarton Oaks, October 13th and 14th, 1979,* Elizabeth H. Boone, ed., Washington, D. C, .Dumbarton Oaks, 1984, pp. 133–164.
———, *The Great Temple of the Aztecs,* London, Thames and Hudson, 1988.
Mendieta, Gerónimo de, *Historia Eclesiástica Indiana,* vol. 1, México, CONACULTA, 1997.
Miller, Mary and Karl Taube, *An Illustrated Dictionary of The Gods and Symbols of Ancient Mexico and the Maya,* London, Thames & Hudson, 1993.

Molina, Fray Alonso de, *Vocabulario en Lengua Castellana y Mexicana,* México, Editorial Porrúa, 1992.

Montemayor, Carlos, *Arte y trama en el cuento indígena,* México, FCE, 1998.

Nicholson, Henry B., "Religion in Pre-Hispanic Central Mexico", in, *Handbook of Middle American Indians,* vol. 10, Austin, Unversity of Texas Press, 1971.

Olivier, Guilhem, *Tezcatlipoca, Burlas y metamorfosis de un dios azteca,* Tatiana Sule, trans., México, FCE, 1997.

———, "El simbolismo sacrificial de los Mimixcoa", in, *El sacrificio humano en la tradición mesoamericana,* López Luján y Guilhem Olivier, ed., México, INAH, UNAM, 2010.

Orr, Heather S., "ballgame", in, *The Oxford Encyclopedia of Mesoamerican Cultures,* Davíd Carrasco, ed., vol. 1, Oxford, Oxford Unversity Press, 2001, pp. 75–78.

Patricia de Fuentes, ed. *The Conquistadores,* New York. Orion Press. 1963.

Pomar, Juan Bautista, "Relación de Tezcoco", in, *Nueva colección de documentos para la historia de México,* vol. 3, J. García Icazbalceta, ed., México, Imprenta de Francisco Díaz de León, 1970.

Popopl Vuh: Las antiguas historias del Quiché, Adrián Recinos, trans., México, FCE, 1986.

Quezada, Noemí, *Sexualidad, amor y erotismo: México prehispánico y México colonial,* México, Plaza y Valdes, 1996.

Ruiz, Monjarás, *Mitos cosmogónicos del México,* México, INAH, 1987.

Read, Kay A., *Time and Sacrifice in the Aztec Cosmos,* Bloomington, Indiana University Press, 1998.

Sahagún, Fray Bernardino de, *Florentine Codex: General History of the Things of New Spain,* Book 1-12, Arthur J. O. Anderson and Charles E. Dibble, trans., Santa Fe, The University of Utah, 1950–1982.

———, *Historia general de las cosas de Nueva España,* 3 vols, A. López Austin y J. García Quintana, ed., México, CONACULTA, 2002.

Seler, Eduardo, *Comentarios al Códice Borigia,* I, II, México, FCE, 1963.

———, *Codex Vaticanus No. 3773 (Codex Vaticanus B),* elucidated by Eduardo Seler, 1902 (Reprints from the collection

of the University of Michigan Library).
Simeón, Remi, *Diccionario de la Lengua Nahuatl o Mexicana,* México, Siglo XXI, 2001.
Soustelle, Jacque, *The Four Suns,* New York, Grossman Publishers, 1971.
Sugiyama, Saburo, *Human Sacrifice, Militarism, and Rulership: Materialization of State Ideology at the Feathered Serpent Pyramid, Teotihuacan,* Cambridge, Cambridge University Press, 2005.
Tena, Rafael, *Mitos e historias de los antiguos nahuas,* México, CONACULTA, 2002.

あとがき

中国古典学者の白川静によると、「聖」という文字は、人が祭具の前で静かに神の声に耳を傾ける様子を表現するものであるという。あらゆる雑念を捨てて心を透明にし、ただ神からの働きかけに身を委ねるとき、人は創造の力の源泉につながることができる。これを邪魔するのは、人間の作為である。「神はこのような声の調子で、このような内容のことを私に告げてくるはずだ（告げて欲しい）」、という思惑にとらわれたまま祭壇に立っても、おそらく神の本当の声は聞こえてこないだろう。

宗教現象の解釈も同じことであろう。解釈対象を虚心に、見て、読んで、聴いて、触って、嗅いで、味わっているうちに、ときに、予期しなかったような意味がそこに表れ出てくることがある。そのとき、もし解釈者が慎重丹念にそうした意味の自己表出につきあっていくことができれば、新しい意味地平はさらに広がっていくことだろう。それゆえ、これから特定の宗教現象を解釈しようとする者にとって最低限必要なことは、自らの先入見に固執しようとする衝動を抑制し、自己変容を受けいれる姿勢を身につけることであろう。

むろん、人は先入見から完全に自由になれるわけではない。むしろそれは、解釈行為における前提でさえある。解釈とはある先入見（ものの見方・とらえ方）から出発して、より豊かな先入見へと至り、さらにそれが新たなる出発点となって次の段階へ進む、という絶えざる自己超克の過程である。人間が有限の存在である限り、この過程が終わることはない。いや、人が無限なる創造の力から離れてしまったとき——神の声に耳を傾けず、人間の声のみを気にするようになったとき——この動的過程は停止するかもしれない。だがそのときには、もはや人は《化石》へと、つまり生命を失った形だけの存在へと頽落してしまっている。

全身全霊で対象にとりくみ、自己変容を絶えず受けいれるということ。思うに、R・オットー、J・ヴァッハ、M・エリアーデといった宗教学者たちが《聖なるもの》に関する議論において示そうとしたのは、そういうことではなかろうか。しかし、宗教学を志してすぐの頃の僕には、たとえばエリアーデが示した「聖なるものは自ら顕れる」という命題は、あまりにもシンプルすぎた。知識として宗教学の基本的な考え方を知ったからといって、そのますぐに解釈対象の意味地平に立つことができるようにはならない。僕がこの基本的姿勢を多少なりとも身につけることができたと実感するようになるまでには、二〇年近くの時間が必要であった。

一九九一年に筑波大学に入学した僕は、学部三年次のときに、自分が生きる現代日本の世界とは時間的・空間的にかけ離れたメソアメリカ・アステカの宗教的世界と出会った。その経緯は「序」に書いた通りである。こうして学部四年次のときには、アステカ人の供犠をテーマとした卒業論文を書き、それから修士課程に入り、一年間のメキシコ留学を経て、修士論文では供犠とは異なるテーマで、やはりアステカ宗教についての論文を書いた。それから博士課程に編入学し、いくつかの論文を書き溜め、それらをもとに二〇〇五年に『メシーカ人の供犠の宗教学的研究――解体と確立』という題名でアステカ供犠についての博士論文を書き、学位を得た。

博士論文はそれなりの苦労を積み重ねて完成させたものであり、それなりの出来のものであったと思うが、僕はそれをすぐに一般の出版物として発表する気にはなれなかった。その博士論文には、そのときの自分には、何かが足りなかった。その足りないものを求めて僕はふたたびメキシコに渡り、研究を続けた。

転機となったのは、メキシコから帰国して数年後に「クエポニ――戦場に咲くアステカ戦士」という論文を書いたことである（この論文は、内容的には本書の第五章にほぼ対応している）。これは重い皮膚の病にかかっている神が、太陽になるために、すべてをなげうって燃え盛る炎の中に飛び込むという神話に焦点を据えた論文だった。この論文を書いたことで、僕は、それまで知らずに自分で背負い込んでいたものから解放され、より自由になった。

その後、二〇一三年に「花は笑う――アステカ人の宗教における創造のシンボリズム」（本書の第四章に対応）を、そして二〇一四年に「アステカ人の供犠――頂くことと捧げること」（本章の第二・三章に対応）を書きあげた頃には、アステカ供犠についての著書を公にするときが来た、という気持ちになっていた。そして今、この三つの論文を土台に、本書を書き上げるに至った。結果として、一〇年前に作成した博士論文とは内容的に大きく異なるものが出来上がった。ただし、博士論文と本書の内容との間に大きな矛盾点があるというわけではない。二つの作品には発展的連続性があり、前者がなければ後者は生まれなかったはずである。

本書が完成するまで、僕は多くの人々に支えられてきた。ここで誰かの名前を記せば、必ず、紙面の分量の都合から名前を記せない人が出てくる。しかし、後者の方々――その中には顔は心に浮かんでもその名前を知らない人も含まれる――からこそ、実は、僕はきわめて大きなものを頂いてきたのではなかろうか。そのような思いを抱きつつ、あえて以下に、お世話になった人々の名前をいくつか挙げよう。

故・荒木美智雄先生は、僕の最大の恩師である。彼は僕に、宗教的創造の力の雄大さと、宗教学者の歴史的使命の何たるかを教えてくれた。そして、メキシコの「トラマティニ（賢者）」、アルフレド・ロペス・アウスティン先生。彼は僕に、メソアメリカの人々の魂が、いかに深く、気高いものであるかを教えてくれた。この二人との出会いがなければ、僕は今とはずいぶん異なった人生を歩んでいたことだろう。

それからアメリカ合衆国でエリアーデとともに宗教学を切り拓き、今もますます健在でいらっしゃるチャールズ・H・ロング先生、メソアメリカ宗教研究をリードするダヴィッド・カラスコ先生、リンゼイ・ジョーンズ先生、フィリップ・アーノルド先生、そのほかシカゴ派宗教学の先生方。また筑波大学で学部時代より御指導を頂いた池上良正先生、棚次正和先生。博士論文の主査として指導をしてくださった山中弘先生。および副査の先生方、とりわけ博論後も僕の研究の進展を気にかけ、本書の出版に関しても様々な助言をくださった津城寛文先生。また絵文書に関する資料作成や原稿チェックなどで多大な協力をしてくれた、アステカ研究家の岡崎雅子氏。そして何よりも、僕の研究について様々な話をしっかりと聞いてくださり、その上で、この本の出版を決定してくださった刀水書房の中村文江さん。

そして筑波の地で、あるいはそれ以外の土地で出会い、ともに大切な時間を過ごした人たち。学びと遊びを通して、強く、朗らかに、自分の生きる世界を切り開いていく学生たち。いつも僕に健やかな心を分け与えてくれる「水戸ラテン化計画」のアミーゴたち。遠い九州から僕に祈りを届けてくれる家族。これらすべての人々に、アステカの言葉で御礼申し上げたい。

トラソッカマティ（ありがとう）。

索　引

Ⅰ．事項

ア行

カ行

サ行

タ行

ナ行

ハ行

マ行～ワ行

Ⅱ．神の名など

ア行

カ行

サ行

シウテクトリ Xiuhtecuhtli……… 30,34,41,42,45,82,94
シペ・トテク Xipe Totec ……… 17～19
ショチケツァル Xochiquetzal ……… 24,113
シロネン Xilonen ……… 24,27～29
シワテテオ Cihuateteo ……… 89
シンテオトル Cinteotl … 20,21,29,34
センツォンウィツナワ Centzonhuitznahua ……… 51,55,58

タ行

チコメコアトル Chicomecoatl ……… 20～22
ツィツィミメ Tzitzimime ……… 45,46
テクシステカトル Tecciztecatl ……… 147～152
テスカトリポカ Tezcatlipoca ……… 22～24,34,53～57,68～70,79,82,85,88,94,103,109～122,129,151,163,174,179,180,189
　ティトラカワン Titlacahuan …… 111
トロケ・ナワケ Tloque Nahuaque ……… 111,117,118,129
　モケケロア Moqueueloa ……… 111
　ヨアリ・エエカトル Yoalli Ehecatl ……… 111
トシ Toci ……… 33,34
トナカテクトリ Tonacatecuhtli ……… 87,175
トナティウ Tonatiuh ……… 83,151
トラソルテオトル Tlazolteotl ……… 82,85,87,89
トラルテクトリ Tlaltecuhtli ……… 70
トラロク Tlaloc ……… 13～15,19,20,25～27,35～39,50,175,181

ナ行～ヤ行

ナナワツィン Nanahuatzin ……… 147～154
パイナル Painal ……… 42,52～55
マクイルショチトル Macuilxochitl ……… 181
ミクテカシワトル Mictecacihuatl ……… 85,90,181
ミシュコア Mixcoa ……… 37,38,67,177
ミシュコアトル Mixcoatl ……… 37,38
ヤカテクトリ Yacatecuhtli ……… 34,35

Ⅲ．地名

アコルワカン Acolhuacan ……… 134
アスカポツァルコ Azcapotzalco ……… 134,135
ウィシャチテカトル山 Uixachtecatl ……… 45,46
エル・アパリシオ El Aparicio …… 62
オアハカ Oaxaca ……… 4,11,52
クルワカン Culhuacan ……… 134
チチェン・イツァ Chichen Itzá ……… 62,63
ティカル Tikal ……… 10
テオティワカン Teotihuacan ……… 3～6,10,99,100,104,147,177
テスココ湖 Lago Tezcoco ……… 10,13,134

テノチティトラン　Tenochititlan ……… 10～63,132～144, 153,154,162,174,189

トゥーラ　Tula ……… 112～118, 129,151,163,183

トラコパン　Tlacopan ……… 54,135

トラテロルコ　Tlatelolco ……… 54

トラロク山　Monte Tlaloc ……… 39

パンティトラン　Pantitlan ……… 15,26

ポポカテペトル　Popocatepetl ……… 14,39

Ⅳ. 人名

アウィツォトル王　Ahuitzotl ……… 63,154

アカマピチトリ王　Acamapichtli ……… 134

荒木美智雄 ……… 7,159

アルバラード・テソソモク Alvarado Tezozomoc ……… 134

イツコアトル王　Itzcoatl ……… 11,135,154,155

ヴァッハ，ヨアヒム　Wach, Joachim ……… 157,158

エリアーデ，ミルチャ　Eliade, Mircea ……… 75,159

オットー，ルドルフ　Otto, Rudolf ……… 157

オリビエ，ギレン　Olivier, Guilhem ……… 119～122,128

カソ，アルフォンソ　Caso Alfonso ……… 66,72

ギアツ，クリフォード　Geertz, Cliford ……… 71

サアグン，ベルナルディーノ・デ Sahagún, Bernardino de ……… 15,46, 51,64,105,106, 127,146,174,182,186

ディアス・デル・カスティーリョ Díaz del Castillo ……… 12,171,190

ドゥラン，ディエゴ　Duran, Diego ……… 15,63

モクテスマ・イルウィカミナ（モクテスマ一世）Moctezuma Ilhuicamina ……… 11,135,185

モクテスマ・ショコヨツィン（モクテスマ二世）Moctezuma Xocoyotzin ……… 11,12

モトリニーア　Motolinía, Toribio de Benavente ……… 61,176,190

リード，ケイ・A　Read, Kay A. ……… 71,73

ロペス・アウスティン，アルフレド López Austin, Alfredo ……… 50

ロング，チャールズ・H Long, Charles H. ……… 74,75

刀水歴史全書—歴史・民族・文明—

四六上製　平均300頁　随時刊　(価格は税別　書名末尾の☆は「電子ブックあり」のマーク)

樺山紘一

1 **カタロニアへの眼**(新装版)☆

歴史・社会・文化

1979, 2005(新装版)　000-X　四六上製　289頁＋口絵12頁　¥2300

西洋の辺境，文明の十字路カタロニアはいかに内戦を闘い，なぜピカソら美の巨人を輩出したか。カタロニア語を習い，バルセロナに住んで調査研究した歴史家によるカタロニア文明論

R. C. リチャードソン／今井　宏訳

2 **イギリス革命論争史**

1979　001-8　四六上製　353頁　¥2200

市民革命とは何であったか？　同時代人の主張から左翼の論客，現代の冷静な視線まで，革命研究はそれぞれの時代, 立場を反映する。論者の心情をも汲んで著された類書のない学説史

山崎元一

3 **インド社会と新仏教**☆

アンベードカルの人と思想　〔付〕カースト制度と不可触民制

1979　＊002-7　四六上製　275頁　¥2200

ガンディーに対立してヒンドゥーの差別と闘い，インドに仏教を復興した不可触民出身の政治家の生涯。日本のアンベードカル研究の原典であり，インドの差別研究のほとんど最初の一冊

G. バラクロウ編／木村尚三郎解説・宮島直機訳

4 **新しいヨーロッパ像の試み**[品切]

中世における東欧と西欧

1979　003-4　四六上製　258頁　¥2330

最新の中世史・東欧史の研究成果を背景に，ヨーロッパの直面する文明的危機に警鐘を鳴らした文明史家の広ヨーロッパ論。現代のヨーロッパの統一的傾向を最も早く洞察した名著。図版127点

W. ルイス，村上直次郎編／富田虎男訳訂

5 **マクドナルド「日本回想記」**☆

[再訂版]　インディアンの見た幕末の日本

1979　＊005-8　四六上製　313頁　¥2200

日本をインディアンの母国と信じて密航した青年の日本観察記。混血青年を優しくあたたかく遇した幕末の日本と日本人の美質を評価。また幕末最初の英語教師として評価されて，高校英語教科書にものっている

J. スペイン／勝藤　猛・中川　弘訳

6 **シルクロードの謎の民**

パターン民族誌

1980　006-9　四六上製　306頁　¥2200

文明を拒否して部族の掟に生き，中央アジア国境地帯を自由に往来するアフガン・ゲリラの主体パターン人，かつてはイギリスを，近くはロシアを退けた反文明の遊牧民。その唯一のドキュメンタルな記録

B. A. トゥゴルコフ／加藤九祚解説・斎藤晨二訳

7 **トナカイに乗った狩人たち**

北方ツングース民族誌

1981　024-7　四六上製　253頁　¥2233

広大なシベリアのタイガを漂泊するエベンキ族の生態。衣食住，狩猟・遊牧生活から家族，氏族，原始文字，暦，シャーマン，宇宙観まで。ロシア少数民族の運命

G. サルガードー／松村　赳訳

8 **エリザベス朝の裏社会**

1985　060-3　四六上製　338頁　¥2500

シェイクスピアの戯曲や当時のパンフレット“イカサマ読物”“浮浪者文学”による華麗な宮廷文化の時代の裏面。スリ・盗賊・ペテン師などの活躍する新興の大都会の猥雑な現実

P. F. シュガー, I. J. レデラー 編／東欧史研究会訳 9 **東欧のナショナリズム** 歴史と現在 1981 025-5 四六上製 578頁 ￥4800	東欧諸民族と諸国家の成立と現在を，19世紀の反トルコ・反ドイツ・反ロシアの具体的な史実と意識のうえに捉え，東欧紛争の現在の根源と今後の世界のナショナリズム研究に指針を与える大著
R. H. C. デーヴィス／柴田忠作訳 10 **ノルマン人** ［品切］ その文明学的考察 1981 027-1 四六上製 199頁 ￥2233	ヨーロッパ中世に大きな足跡をのこしたヴァイキングの実像を文明史的に再評価し，ヨーロッパの新しい中世史を構築する第一人者の論究。ノルマン人史の概説として最適。図版70余点
中村寅一 11 **村の生活の記録** （下）［品切］ (上)上伊那の江戸時代 (下)上伊那の明治・大正・昭和 1981 028-X 029-8 四六上製 195頁, 310頁 ￥1845 ￥1800	村の中から村を描く。柳田・折口体験をへて有賀喜左衛門らとともに，民俗・歴史・社会学を総合した地域史をめざした信州伊那谷の先覚者の業績。中央に追従することなく，地域史として独立し得た数少ない例の一つ
岩本由輝 12 きき書き**六万石の職人衆** 相馬の社会史 1980 010-7 四六上製 252頁 ￥1800	相馬に生き残った100種の職人の聞き書き。歴史家と職人の心の交流から生れた明治・大正・昭和の社会史。旅職人から産婆，ほとんど他に見られない諸職が特に貴重

13 （缺番）

田中圭一 14 **天領佐渡** （1）［品切］ (1)(2)村の江戸時代史 上・下(3)島の幕末 1985 061-1, 062-X, 063-8 四六上製 (1)275頁 (2) 277頁 (3) 280頁 (1)(2) ￥2000 (3)￥2330	戦国末～維新のムラと村ビトを一次史料で具体的に追求し，天領の政治と村の構造に迫り，江戸～明治の村社会と日本を発展的にとらえる。民衆の活躍する江戸時代史として評価され，新しい歴史学の方向を示す
岩本由輝 15 **もう一つの遠野物語** ［追補版］☆ （付）柳田國男南洋委任統治資料六点 1994 ＊130-7 四六上製 275頁 ￥2200	水野葉舟・佐々木喜善によって書かれたもう一つの「遠野物語」の発見。柳田をめぐる人間関係，「遠野物語」執筆前後の事情から山人～常民の柳田学の変容を探る。その後の柳田学批判の先端として功績は大きい
森田安一 16 **スイス** ［三補版］☆ 歴史から現代へ 1980, 1995（三補版） 159-6 四六上製 304頁 ￥2200	13世紀スイス盟約者団の成立から流血の歴史をたどり，理想の平和郷スイスの現実を分析して新しい歴史学の先駆と評価され，中世史家の現代史として，中世から現代スイスまでを一望のもとにとらえる
樺山紘一・賀集セリーナ・富永茂樹・鳴海邦碩 17 **アンデス高地都市** ［品切］ ラ・パスの肖像 1981 020-4 四六上製 図版多数 257頁 ￥2800	ボリビアの首都ラ・パスに展開するスペイン，インディオ両文明の相克。歴史・建築・文化人類・社会学者の学際協力による報告。図版多数。若く多才な学者たちの協力の成功例の一つといわれる

A. ノーヴ／和田春樹・中井和夫訳　[品切]
18 **スターリンからブレジネフまで**
ソヴェト現代史
1983　043-3　四六上製　315頁　￥2427

スターリン主義はいかに出現し，いかなる性格のものだったか？　冷静で大胆な大局観をもつ第一人者による現代ソ連研究の基礎文献。ソ連崩壊よりはるか前に書かれていた先覚者の業績

19 （缺番）

増井經夫
20 **中国の歴史書**
中国史学史
1984　052-2　四六上製　298頁　￥2500

内藤湖南以後誰も書かなかった中国史学史。尚書・左伝から梁啓超，清朝野史大観まで，古典と現代史学の蘊蓄を傾けて，中国の歴史意識に迫る。自由で闊達な理解で中国学の世界に新風を吹きこむ。ようやく評価が高い

G. P. ローウィック／西川　進訳
21 **日没から夜明けまで**
アメリカ黒人奴隷制の社会史
1986　064-6　四六上製　299頁　￥2400

アメリカの黒人奴隷は，夜の秘密集会を持ち，祈り，歌い，逃亡を助け，人間の誇りを失わなかった。奴隷と奴隷制の常識をくつがえす新しい社会史。人間としての彼らを再評価するとともに，社会の構造自体を見なおすべき衝撃の書

山本　新著／神川正彦・吉澤五郎編
22 **周 辺 文 明 論**
欧化と土着
1985　066-2　四六上製　305頁　￥2200

文明の伝播における様式論・価値論を根底に，ロシア・日本・インド・トルコなど非西洋の近代化＝欧化と反西洋＝土着の相克から現代の文明情況まで。日本文明学の先駆者の業績として忘れ得ない名著

小林多加士
23 **中国の文明と革命**
現代化の構造
1985　067-0　四六上製　274頁　￥2200

万元戸，多国籍企業に象徴される中国現代の意味を文化大革命をへた中国の歴史意識の変革とマルキシズムの新展開に求める新中国史論

R. タカキ／富田虎男・白井洋子訳
24 **パ ウ ・ ハ ナ**
ハワイ移民の社会史
1986　071-9　四六上製　293頁　￥2400

ハワイ王朝末期に，全世界から集められたプランテーション労働者が，人種差別を克服して，ハワイ文化形成にいたる道程。著者は日系３世で，少数民族・多文化主義研究の歴史家として評価が高い

原田淑人
25 **古代人の化粧と装身具**
1987　076-X　四六上製　図版180余点　227頁　￥2200

東洋考古学の創始者，中国服飾史の開拓者による古代人の人間美の集成。エジプト・地中海，インド，中央アジアから中国・日本まで，正倉院御物に及ぶ美の伝播，唯一の概説書

E. ル・ロワ・ラデュリ／井上幸治・渡邊昌美・波木居純一訳
26 **モンタイユー**（上）（下［新装版］）
ピレネーの村　1294～1324
(上)1990 (下)2021　＊086-7 ＊471-1　四六上製　367頁 425頁　￥2800 ￥3300

アナール派第３世代の代表作！　法王庁に秘蔵された異端審問記録から中世南仏の農村生活を人類学的手法で描き，フランス文学最高のゴンクール賞を受賞した。1975年本書刊行以来フランスで社会史ブームを巻き起こした

ダヴ・ローネン／浦野起央・信夫隆司訳

27 **自決とは何か** ［品切］

ナショナリズムからエスニック紛争へ

1988 095-6 四六上製 318頁 ￥2800

自殺ではない。みずからを決定する自決。革命・反植民地・エスニック紛争など，近現代の激動を“自決 Self-determination への希求”で解く新たなる視角。人文・社会科学者の必読書

メアリ・プライア編著／三好洋子編訳

28 **結婚・受胎・労働** ［品切］

イギリス女性史1500～1800

1989 099-9 四六上製 270頁 ￥2500

イギリス女性史の画期的成果。結婚・再婚・出産・授乳，職業生活・日常生活，日記・著作。実証的な掘り起こし作業によって現れる普通の女性たちの生活の歴史

M. I. フィンレイ／柴田平三郎訳

29 **民主主義—古代と現代** ［品切］

1991 118-9 四六上製 199頁 ￥2816

古代ギリシア史の専門家が思想史として対比考察した古代・現代の民主主義。現代の形骸化した制度への正統なアカデミズムからの警鐘であり，民主主義の本質に迫る一書

木崎良平

30 **光太夫とラクスマン**

幕末日露交渉史の一側面

1992 134-0 四六上製 266頁 ￥2524

ひろく史料を探索して見出した光太夫とラクスマンの実像。「鎖国三百年史観」をうち破る新しい事実の発見が，日本の夜明けを告げる。実証史学によってはじめて可能な歴史の本当の姿の発見

青木　豊

31 **和鏡の文化史** ［品切］

水鑑から魔鏡まで

1992 139-1 四六上製 図版300余点 305頁 ￥2500

水に顔を映す鏡の始まりから，その発達・変遷，鏡にまつわる信仰・民俗，十数年の蓄積による和鏡に関する知識体系化の試み。鏡に寄せた信仰と美の追求に人間の実像が現れる

Y. イチオカ／富田虎男・粂井輝子・篠田左多江訳

32 **一　世**

黎明期アメリカ移民の物語り

1992 141-3 四六上製 283頁 ￥3301

人種差別と排日運動の嵐の中で，日本人留学生，労働者，売春婦はいかに生きたか。日系アメリカ人一世に関する初の本格的研究の始まり，その差別と苦悩と忍耐を見よ（著者は日系二世）

鄧　搏鵬／後藤均平訳

33 **越南義烈史**☆

抗仏独立運動の死の記録

1993 143-X 四六上製 230頁 ￥3301

19世紀後半，抗仏独立闘争に殉じたベトナムの志士たちの略伝・追悼文集。反植民地・民族独立思想の原点（1918年上海で秘密出版）。東遊運動で日本に渡った留学生200人は，やがて日本を追われ，各地で母国の独立運動を展開して敗れ，つぎつぎと斃れるその記録

D.ジョルジェヴィチ, S.フィシャー・ガラティ／佐原徹哉訳

34 **バルカン近代史**

ナショナリズムと革命

1994 153-7 四六上製 262頁 ￥2800

かつて世界の火薬庫といわれ，現在もエスニック紛争に明け暮れるバルカンを，異民族支配への抵抗と失敗する農民蜂起の連続ととらえる。現代は，過去の紛争の延長としてあり，一朝にして解決するようなものではない

C. メクゼーパー, E. シュラウト共編／瀬原義生監訳, 赤阪俊一・佐藤専次共訳

35 **ドイツ中世の日常生活**

騎士・農民・都市民

1995 ＊179-6 四六上製 205頁 ￥2800

ドイツ中世史家たちのたしかな目が多くの史料から読みとる新しい日常史。普通の“中世人”の日常と心性を描くが，おのずと重厚なドイツ史学の学風を見せて興味深い

神山四郎　［比較文明学叢書 1］

36 **比較文明と歴史哲学**

1995　182-0　四六上製　257頁　￥2800

歴史哲学者による比較文明案内。歴史をタテに発展とみる旧来の見方に対し，ヨコに比較する多系文明の立場を推奨。ボシュエ，ヴィコ，イブン・ハルドゥーン，トインビーと文明学の流れを簡明に

神川正彦　［比較文明学叢書 2］

37 **比較文明の方法**

新しい知のパラダイムを求めて

1995　184-7　四六上製　275頁　￥2800

地球規模の歴史的大変動の中で，トインビー以降ようやく高まる歴史と現代へのパースペクティヴ，新しい知の枠組み，学の体系化の試み。ニーチェ，ヴェーバー，シュペングラーを超えてトインビー，山本新にいたり，原理と方法を論じる

B. A. トゥゴルコフ／斎藤晨二訳

38 **オーロラの民**

ユカギール民族誌

1995　183-9　四六上製　220頁　￥2800

北東シベリアの少数民族人口1000人のユカギール人の歴史と文化。多数の資料と現地調査が明らかにするトナカイと犬ぞりの生活・信仰・言語。巻末に調査報告「ユカギール人の現在」

D. W. ローマックス／林　邦夫訳

39 **レコンキスタ**

中世スペインの国土回復運動

1996　180-4　四六上製　314頁　￥3300

克明に史実を追って，800年間にわたるイスラム教徒の支配からのイベリア半島奪還とばかりはいいきれない，レコンキスタの本格的通史。ユダヤ教徒をふくめ，三者の対立あるいは協力，複雑な800年の情勢に迫る

A. R. マイヤーズ／宮島直機訳

40 **中世ヨーロッパの身分制議会**［品切］

新しいヨーロッパ像の試み（2）

1996　186-3　四六上製　214頁　￥2800

各国の総合的・比較史的研究に基づき，身分制議会をカトリック圏固有のシステムととらえ，近代の人権思想もここから導かれるとする文化史的な画期的発見，その影響に注目が集まる。図写79点

M. ローランソン, J. E. シーヴァー／白井洋子訳

41 **インディアンに囚われた白人女性の物語**

1996　195-2　四六上製　274頁　￥2800

植民地時代アメリカの実話。捕虜となり生き残った２女性の見たインディアンの心と生活。牧師夫人の手記とインディアンの養女となった少女の生涯。しばしば不幸であった両者の関係を見なおすために

木崎良平

42 **仙台漂民とレザノフ**

幕末日露交渉史の一側面No. 2

1997　198-7　四六上製　261頁　￥2800

日本人最初の世界一周と日露交渉。『環海異聞』などに現れる若宮丸の遭難と漂民16人の数奇な運命。彼らを伴って通商を迫ったロシア使節レザノフ。幕末日本の実相を歴史家が初めて追求した

U. イム・ホーフ／森田安一監訳, 岩井隆夫・米原小百合・佐藤るみ子・黒澤隆文・踊共二共訳

43 **スイスの歴史**

1997　207-X　四六上製　308頁　￥2800

日本初の本格的スイス通史。ドイツ語圏でベストセラーを続ける好著の完訳。独・仏・伊のことばの壁をこえてバランスよくスイス社会と文化を追求，現在の政治情況に及ぶ

E. フリート／柴嵜雅子訳

44 **ナチスの陰の子ども時代**

あるユダヤ系ドイツ詩人の回想

1998　203-7　四六上製　215頁　￥2800

ナチスの迫害を逃れ，17歳の少年が単身ウィーンからロンドンに亡命する前後の数奇な体験を中心にした回想録。著者は戦後のドイツで著名なユダヤ系詩人で，本書が本邦初訳

今谷明・大濱徹也・尾形勇・樺山紘一・木畑洋一編

45 20世紀の歴史家たち

(1)日本編(上) (2)日本編(下) (5)日本編(続) (3)世界編(上) (4)世界編(下)

1997〜2006　四六上製　平均300頁　各￥2800

歴史家は20世紀をどう生きたか，歴史学はいかに展開したか。科学としての歴史学と人間としての歴史家，その生と知とを生々しく見つめようとする。書かれる歴史家と書く歴史家，それを読む読者と三者の生きた時代

日本編(上)　1997 211-8

1 徳富蘇峰（大濱徹也）
2 白鳥庫吉（窪添慶文）
3 鳥居龍蔵（中薗英助）
4 原勝郎（樺山紘一）
5 喜田貞吉（今谷 明）
6 三浦周行（今谷 明）
7 幸田成友（西垣晴次）
8 柳田國男（西垣晴次）
9 伊波普猷（高良倉吉）
10 今井登志喜（樺山紘一）
11 本庄栄治郎（今谷 明）
12 高群逸枝（栗原 弘）
13 平泉澄（今谷 明）
14 上原専祿（三木 亘）
15 野呂栄太郎（神田文人）
16 宮崎市定（礪波 護）
17 仁井田陞（尾形 勇）
18 大塚久雄（近藤和彦）
19 高橋幸八郎（遅塚忠躬）
20 石母田正（今谷 明）

日本編(下)　1999 212-6

1 久米邦武（田中 彰）
2 内藤湖南（礪波 護）
3 山路愛山（大濱徹也）
4 津田左右吉（大室幹雄）
5 朝河貫一（甚野尚志）
6 黒板勝美（石井 進）
7 福田徳三（今谷 明）
8 辻善之助（圭室文雄）
9 池内宏（武田幸男）
10 羽田亨（羽田 正）
11 村岡典嗣（玉懸博之）
12 田村栄太郎（芳賀 登）
13 山田盛太郎（伊藤 晃）
14 大久保利謙（由井正臣）
15 濱口重國（菊池英夫）
16 村川堅太郎（長谷川博隆）
17 宮本常一（西垣晴次）
18 丸山眞男（坂本多加雄）
19 和歌森太郎（宮田 登）
20 井上光貞（笹山晴生）

日本編(続)　2006 232-0

1 狩野直喜（戸川芳郎）
2 桑原隲蔵（礪波 護）
3 矢野仁一（挾間直樹）
4 加藤繁（尾形 勇）
5 中村孝也（中田易直）
6 宮地直一（西垣晴次）
7 和辻哲郎（樺山紘一）
8 一志茂樹（古川貞雄）
9 田中惣五郎（本間恂一）
10 西岡虎之助（西垣晴次）
11 岡正雄（大林太良）
12 羽仁五郎（斉藤 孝）
13 服部之總（大濱徹也）
14 坂本太郎（笹山晴生）
15 前嶋信次（窪寺紘一）
16 中村吉治（岩本由輝）
17 竹内理三（樋口州男）
18 清水三男（網野善彦）
19 江口朴郎（木畑洋一）
20 林屋辰三郎（今谷 明）

世界編(上)　1999 213-4

1 ピレンヌ（河原 温）
2 マイネッケ（坂井榮八郎）
3 ゾンバルト（金森誠也）
4 メネンデス・ピダール（小林一宏）
5 梁啓超（佐藤慎一）
6 トーニー（越智武臣）
7 アレクセーエフ（加藤九祚）
8 マスペロ（池田 温）
9 トインビー（芝井敬司）
10 ウィーラー（小西正捷）
11 カー（木畑洋一）
12 ウィットフォーゲル（鶴間和幸）
13 エリアス（木村靖二）
14 侯外盧（多田狷介）
15 ブローデル（浜名優美）
16 エーバーハルト（大林太良）
17 ウィリアムズ（川北 稔）
18 アリエス（杉山光信）
19 楊寛（高木智見）
20 クラーク（ドン・ベイカー 藤川隆男訳）
21 ホブズボーム（水田 洋）
22 マクニール（高橋 均）
23 ジャンセン（三谷 博）
24 ダニーロフ（奥田 央）
25 フーコー（福井憲彦）
26 デイヴィス（近藤和彦）
27 サイード（杉田英明）
28 タカキ，R．（富田虎男）

世界編(下)　2001 214-2

1 スタイン（池田 温）
2 ヴェーバー（伊藤貞夫）
3 バルトリド（小松久男）
4 ホイジンガ（樺山紘一）
5 ルフェーヴル（松浦義弘）
6 フェーヴル（長谷川輝夫）
7 グラネ（桐本東太）
8 ブロック（二宮宏之）
9 陳寅恪（尾形 勇）
10 顧頡剛（小倉芳彦）
11 カントロヴィッチ（藤田朋久）
12 ギブ（湯川 武）
13 ゴイテイン（湯川 武）
14 ニーダム（草光俊雄）
15 コーサンビー（山崎利男）
16 フェアバンク（平野健一郎）
17 モミリアーノ（本村凌二）
18 ライシャワー（W.スティール）
19 陳夢家（松丸道雄）
20 フィンリー（桜井万里子）
21 イナルジク（永田雄三）
22 トムスン（近藤和彦）
23 グレーヴィチ（石井規衛）
24 ル・ロワ・ラデュリ（阿河雄二郎）
25 ヴェーラー（木村靖二）
26 イレート（池端雪浦）

戸上 一

46 **千 利 休**

ヒト・モノ・カネ

1998 ＊210-6 四六上製 212頁 ￥2000

高価な茶道具にまつわる美と醜の世界を視野に入れぬ従来の利休論にあきたらぬ筆者が，書き下ろした利休の実像。モノの美とそれにまつわるカネの醜に対決する筆者の気迫に注目

大濱徹也

47 **日本人と戦争☆**

歴史としての戦争体験

2002 220-7 四六上製 280頁 ￥2400

幕末，尊皇攘夷以来，日本は10年ごとの戦争で大国への道をひた走った。やがて敗戦。大東亜戦争は正義か不正義かは鏡の表と裏にすぎないかもしれない。日本人の“戦争体験”が民族共有の記憶に到達するのはいつか？

K. B. ウルフ／林 邦夫訳

48 **コルドバの殉教者たち**

イスラム・スペインのキリスト教徒

1998 226-6 四六上製 214頁 ￥2800

９世紀，イスラム時代のコルドバで，49人のキリスト教徒がイスラム教を批難して首をはねられた。かれらは極刑となって殉教者となることを企図したのである。三つの宗教の混在するスペインの不思議な事件である

U. ブレーカー／阪口修平・鈴木直志訳

49 **スイス傭兵ブレーカーの自伝**

2000 240-1 四六上製 263頁 ￥2800

18世紀スイス傭兵の自伝。貧農に生まれ，20歳で騙されてプロイセン軍に売られ，軍隊生活の後，七年戦争中に逃亡。彼の生涯で最も劇的なこの時期の記述は，近代以前の軍隊生活を知る類例のない史料として注目

田中圭一

50 **日本の江戸時代☆**

舞台に上がった百姓たち

1999 ＊233-5 四六上製 259頁 ￥2400

日本の古い体質のシンボルである江戸時代封建論に真向から挑戦する江戸近代論。「検地は百姓の土地私有の確認である」ことを実証し，一揆は幕府の約束違反に対するムラの抗議だとして，日本史全体像の変革を迫る

平松幸三編 **2001年度 沖縄タイムス出版文化賞受賞**

51 **沖縄の反戦ばあちゃん**

松田カメ口述生活史

2001 242-8 四六上製 199頁 ￥2000

沖縄に生まれ，内地で女工，結婚後サイパンへ出稼いで，戦争に巻込まれる。帰郷して米軍から返却された土地は騒音下。嘉手納基地爆音訴訟など反戦平和運動の先頭に立ったカメさんの原動力は理屈ではなく，生活体験だ

---

52 **（缺番）**

原田勝正

53 **日 本 鉄 道 史**

技術と人間

2001 275-4 四六上製 488頁 ￥3300

幕末維新から現代まで，日本の鉄道130年の発展を，技術の進歩がもつ意味を社会との関わりの中に確かめながら，改めて見直したユニークな技術文化史

J. キーガン／井上堯裕訳

54 **戦争と人間の歴史**

人間はなぜ戦争をするのか？

2000 264-9 四六上製 205頁 ￥2000

人間はなぜ戦争をするのか？ 人間本性にその起源を探り，国家や個人と戦争の関わりを考え，現実を見つめながら「戦争はなくなる」と結論づける。原本は豊かな内容で知られるＢＢＣ放送の連続講演（1998年）

M.シェーファー／大津留厚監訳・永島とも子訳

55 エリザベート—栄光と悲劇

2000　＊265-6　四六上製　183頁　¥2000

ハプスブルク朝の皇后“シシー”の生涯を内面から描く。美貌で頭が良く，自信にあふれ，決断力を持ちながらも孤独に苦しんでいた。従来の映画や小説では得られない“変革の時代”に生きた高貴な人間像

地中海学会編

56 地中海の暦と祭り

2002　230-4　四六上製　285頁　¥2500

季節の巡行や人生・社会の成長・転変に対応する祭は暦や時間と深く連関する。その暦と祭を地中海世界の歴史と地域の広がりの中でとらえ，かつ現在の祭慣行や暦制度をも描いた，歴史から現代までの「地中海世界案内」

堀　敏一

57 曹　　操

三国志の真の主人公

2001　＊283-0　四六上製　220頁　¥2800

諸葛孔明や劉備の活躍する『三国志演義』はおもしろいが，小説であって事実ではない。中国史の第一人者が慎重に選んだ“事実は小説よりも奇”で，人間曹操と三国時代が描かれる

P.ブラウン／宮島直機訳

58 古代末期の世界 ［改訂新版］

ローマ帝国はなぜキリスト教化したか

2002　＊354-7　四六上製　233頁　¥2800

古代末期を中世への移行期とするのではなく独自の文化的世界と見なす画期的な書。鬼才P.ブラウンによる「この数十年の間で最も影響力をもつ歴史書！」（書評から）

宮脇淳子

59 モンゴルの歴史 ［増補新版］

遊牧民の誕生からモンゴル国まで

2018　＊446-9　四六上製　320頁　¥2800

紀元前1000年に中央ユーラシア草原に遊牧騎馬民が誕生してから，現在21世紀のモンゴル系民族の最新情報までを1冊におさめた，世界初の通史。2017年には，モンゴルでも訳書完成

永井三明

60 ヴェネツィアの歴史

共和国の残照

2004　＊285-4　四六上製　270頁　¥2800

1797年「唐突に」姿を消した共和国。ヴェネツィアの1000年を越える歴史を草創期より説き起こす。貴族から貧困層まで，人々の心の襞までわけ入り描き出される日々の生活,etc.ヴェネツィア史の第一人者による書き下ろし

H.バイアス／内山秀夫・増田修代訳

61 敵　国　日　本

太平洋戦争時，アメリカは日本をどう見たか？

2001　286-X　四六上製　215頁　¥2000

パールハーバーからたった70日で執筆・出版され，アメリカで大ベストセラーとなったニューヨークタイムズ記者の日本論。天皇制・政治経済・軍隊から日本人の心理まで，アメリカは日本人以上に日本を知っていた……

伊東俊太郎　［比較文明学叢書 3］

62 文明と自然

対立から統合へ

2002　293-2　四六上製　256頁　¥2400

かつて西洋の近代科学は，文明が利用する対象として自然を破壊し，自然は利用すべき資源でしかなかった。いま「自から然る」自然が，生々発展して新しい地球文明が成る。自然と文明の統合の時代である

P.V.グロブ／荒川明久・牧野正憲訳

63 甦る古代人

デンマークの湿地埋葬

2002　298-3　四六上製　191頁　¥2500

デンマーク，北ドイツなど北欧の寒冷な湿地帯から出土した，生々しい古代人の遺体（約700例）をめぐる“謎”の解明。原著の写真全77点を収録した，北欧先史・古代史研究の基本図書

大濱徹也
64 **庶民のみた日清・日露戦争**
帝国への歩み
2003　316-5　四六上製　265頁　¥2200

明治維新以後10年ごとの戦争に明けくれた日本人の戦争観・時代観を根底に，著者は日本の現代を描こうとする。庶民の皮膚感覚に支えられた生々しい日本の現代史像に注目が集まる。『明治の墓標』改題

喜安　朗
65 **天皇の影をめぐるある少年の物語**
戦中戦後私史
2003　312-2　四六上製　251頁　¥2200

第二次大戦の前後を少年から青年へ成長した多くの日本人の誰もが見た敗戦から復興の光景を，今あらためて注視する少年の感性と歴史家の視線。変転する社会状況をくぐりぬけて今現われた日本論

スーザン・W.ハル／佐藤清隆・滝口晴生・菅原秀二訳
66 **女は男に従うもの？**
近世イギリス女性の日常生活
2003　315-7　四六上製　285頁　¥2800

16〜17世紀，女性向けに出版されていた多くの結婚生活の手引書や宗教書など（著者は男性）を材料に，あらゆる面で制約の下に生きていた女性達の日常を描く（図版多数集録）

G.スピーニ／森田義之・松本典昭訳
67 **ミケランジェロと政治**
メディチに抵抗した《市民＝芸術家》
2003　*318-9　四六上製　181頁　¥2500

フィレンツェの政治的激動期，この天才芸術家が否応なく権力交替劇に巻き込まれながらも，いかに生き抜いたか？　ルネサンス美術史研究における社会史的分析の先駆的議論。ミケランジェロとその時代の理解のために

金七紀男
68 **エンリケ航海王子**　［品切］
大航海時代の先駆者とその時代
2004　322-X　四六上製　232頁　¥2500

初期大航海時代を導いたポルトガルの王子エンリケは，死後理想化されて「エンリケ伝説」が生れる。本書は，生身で等身大の王子とその時代を描く。付録に「エンリケ伝説の創出」「エンリケの肖像画をめぐる謎」の２論文も

H.バイアス／内山秀夫・増田修代訳
69 **昭和帝国の暗殺政治**
テロとクーデタの時代
2004　314-9　四六上製　341頁　¥2500

戦前，『ニューヨーク・タイムズ』の日本特派員による，日本のテロリズムとクーデタ論。記者の遭遇した5.15事件や2.26事件を，日本人独特の前近代的心象と見て，独自の日本論を展開する。『敵国日本』の姉妹篇

E.L.ミューラー／飯野正子監訳
70 **祖国のために死ぬ自由**
徴兵拒否の日系アメリカ人たち
2004　331-9　四六上製　343頁　¥3000

第二次大戦中，強制収容所に囚われた日系２世は，市民権と自由を奪われながら徴兵された。その中に，法廷で闘って自由を回復しアメリカ人として戦う道を選んだ人々がいた。60年も知られなかった日系人の闘いの記録

松浦高嶺・速水敏彦・高橋　秀
71 **学　生　反　乱**
―1969―　立教大学文学部
2005　335-1　四六上製　281頁　¥2800

1960年代末，世界中を巻きこんだ大学紛争。学生たちの要求に真摯に向合い，かつ果敢に闘った立教大学文学部の教師たち。35年後の今，闘いの歴史はいかに継承されているか？

神川正彦　［比較文明学叢書　5］
72 **比較文明文化への道**
日本文明の多元性
2005　343-2　四六上製　311頁　¥2800

日本文明は中国のみならずアイヌや琉球を含め，多くの文化的要素を吸収して成立している。その文化的要素を重視して“文明文化”を一語として日本を考える新しい視角

藤川隆男編

73 **白人とは何か？**

ホワイトネス・スタディーズ入門

2005 ＊346-2 四六上製 257頁 ￥2200

近年欧米で急速に拡大している「白人性研究」を日本で初めて本格的に紹介。差別の根源「白人」を人類学者が未開の民族を見るように研究の俎上に載せ，社会的・歴史的な存在である事を解明する多分野17人が協力

W. フライシャー／内山秀夫訳

74 **太平洋戦争にいたる道**

あるアメリカ人記者の見た日本

2006 349-1 四六上製 273頁 ￥2800

昭和初・中期の日本が世界の動乱に巻込まれていくさまを，アメリカ人記者の眼で冷静に見つめる。世界の動きを背景に，日本政府の情勢分析の幼稚とテロリズムを描いて，小社既刊『敵国日本』と対をなす必読日本論

白井洋子

75 **ベトナム戦争のアメリカ**

もう一つのアメリカ史

2006 ＊352-3 四六上製 258頁 ￥2500

「インディアン虐殺」の延長線上にベトナム戦争を位置づけ，さらに，ベトナム戦没者記念碑「黒い壁」とそれを訪れる人々の姿の中にアメリカの歴史の新しい可能性を見る。「植民地時代の先住民研究」専門の著者だからこその視点

L. カッソン／新海邦治訳

76 **図書館の誕生**

古代オリエントからローマへ

2007 ＊356-1 四六上製 222頁 ￥2300

古代の図書館についての最初の包括的研究。紀元前3千年紀の古代オリエントの図書館の誕生から，図書館史の流れを根本的に変えた初期ビザンツ時代まで。碑文，遺跡の中の図書館の遺構，墓碑銘など多様な資料は語る

英国王立国際問題研究所／坂井達朗訳

77 **敗北しつつある大日本帝国**

日本敗戦7ヵ月前の英国王立研究所報告

2007 ＊361-5 四六上製 253頁 ￥2700

対日戦略の一環として準備された日本分析。極東の後進国日本が世界経済・政治の中に進出，ファシズムの波にのって戦争を遂行する様を冷静に判断。日本文化社会の理解は，戦中にも拘わらず的確で大英帝国の底力を見る

史学会編

78 **歴 史 の 風**

2007 ＊369-1 四六上製 295頁 ￥2800

『史学雑誌』連載の歴史研究者によるエッセー「コラム 歴史の風」を1巻に編集。1996年の第1回「歴史学雑誌に未来から風が吹く」（樺山紘一）から昨2006年末の「日本の歴史学はどこに向かうのか」（三谷 博）まで11年間55篇を収載

青木 健→99巻『新ゾロアスター教史』

79 **ゾロアスター教史** ［絶版］

古代アーリア・中世ペルシア・現代インド

2008 ＊374-5 四六上製 308頁 ￥2800

本邦初の書下ろし。謎の多い古代アーリア人の宗教，サーサーン朝国教としての全盛期，ムスリム支配後のインドで復活，現代まで。世界諸宗教への影響，ペルシア語文献の解読，ソグドや中国の最新研究成果が注目される

城戸 毅

80 **百 年 戦 争**

中世末期の英仏関係

2010 ＊379-0 四六上製 373頁 ￥3000

今まで我が国にまとまった研究もなく，欧米における理解からずれていたこのテーマ。英仏関係及びフランスの領邦君主諸侯間の関係を通して，戦争の前史から結末までを描いた，本邦初の本格的百年戦争の全体像

R. オズボン／佐藤 昇訳

81 **ギリシアの古代**

歴史はどのように創られるか？

2011 ＊396-7 四六上製 261頁 ￥2800

最新の研究成果から古代ギリシア史研究の重要トピックに新しい光を当て，歴史学的な思考の方法，「歴史の創り方」を入門的に，そして刺戟的に紹介する。まずは「おなじみ」のスポーツ競技，円盤投げの一場面への疑問から始める

藤川隆男
82 人種差別の世界史
白人性とは何か？
2011 ＊398-1 四六上製 274頁 ￥2300
差別と平等が同居する近代世界の特徴を，身近な問題（ファッション他）を取り上げながら，前近代との比較を通じて検討。人種主義と啓蒙主義の問題，白人性とジェンダーや階級の問題などを，世界史的な枠組で解明かす

Ch. ビュヒ／片山淳子訳
83 もう一つのスイス史
独語圏・仏語圏の間の深い溝
2012 ＊395-0 四六上製 246頁 ￥2500
スイスは，なぜそしていかに，多民族国家・多言語国家・多文化国家になったのか，そのため生じた問題にいかに対処してきたか等々。独仏両言語圏の間の隔たりから語る，今までに無い「いわば言語から覗くスイスの歴史」

坂井榮八郎
84 ドイツの歴史百話
2012 ＊407-0 四六上製 330頁 ￥3000
「ドイツ史の語り部」を自任する著者が，半世紀を超える歴史家人生で出会った人，出会った事，出会った本，そして様ざまな歴史のエピソードなどを，百のエッセイに紡いで時代順に語ったユニークなドイツ史

田中圭一
85 良寛の実像
歴史家からのメッセージ
2013 ＊411-7 四六上製 239頁 ￥2400
捏造された「家譜」・「自筆過去帳」や無責任な小説や教訓の類いが，いかに良寛像を過らせたか！ 良寛を愛し，良寛の眞実を求め，人間良寛の苦悩を追って，その実像に到達した，唯一，歴史としての良寛伝が本書である

A. ジョティシュキー／森田安一訳
86 十字軍の歴史
2013 ＊388-2 四六上製 480頁 ￥3800
カトリック対ギリシア東方正教対イスラームの抗争という，従来の東方十字軍の視点だけではなく，レコンキスタ・アルビショワ十字軍・ヴェンデ十字軍なども叙述，中世社会を壮大な絵巻として描いた十字軍の全体史

W. ベーリンガー／長谷川直子訳
87 魔女と魔女狩り
2014 ＊413-1 四六上製 480頁 ￥3500
ヨーロッパ魔女狩りの時代の総合的な概説から，現代の魔女狩りに関する最新の情報まで，初めての魔女の世界史。魔女狩りの歴史の考察から現代世界を照射する問題提起が鋭い。110頁を超える索引・文献・年表も好評

J.＝C. シュミット／小池寿子訳
88 中世の聖なるイメージと身体
キリスト教における信仰と実践
2015 ＊380-6 四六上製 430頁 ￥3800
中世キリスト教文明の中心テーマ！ 目に見えない「神性」にどのように「身体」が与えられたか，豊富な具体例で解き明かす。民衆の心性を見つめて歴史人類学という新しい地平を開拓したシュミットの，更なる到達点

W. D. エアハート／白井洋子訳
89 ある反戦ベトナム帰還兵の回想
2015 ＊420-9 四六上製 480頁 ￥3500
詩人で元米国海兵隊員の著者が，ベトナム戦争の従軍体験と，帰還後に反戦平和を訴える闘士となるまでを綴った自伝的回想の記録三部作第二作目 *Passing Time* の全訳。「小説ではないがそのようにも読める」(著者まえがき)

岩崎 賢
90 アステカ王国の生贄の祭祀
血・花・笑・戦
2015 ＊423-0 四六上製 202頁 ￥2200
古代メキシコに偉大な文明を打ち立てたアステカ人の宗教的伝統の中心＝生贄の祭りのリアリティに，古代語文献，考古学・人類学史料及び厳選した図像史料を駆使して肉迫する。本邦ではほとんど他に例のない大胆な挑戦

藤川隆男

91 **妖獣バニヤップの歴史**

オーストラリア先住民と白人侵略者のあいだで

2016 ＊431-5 四六上製 300頁＋カラー口絵８頁 ￥2300

バニヤップはオーストラリア先住民に伝わる水陸両生の幻の生き物。イギリスの侵略が進むなか，白人入植者の民話としても取り入れられ，著名な童話のキャラクターとなる。この動物の記録を通して語るオーストラリア史

ジョー・グルディ＆D.アーミテイジ／平田雅博・細川道久訳

92 **これが歴史だ！**

21世紀の歴史学宣言

2017 ＊429-2 四六上製 250頁 ￥2500

気候変動を始め現代の難問を長期的に捉えるのが歴史家本来の仕事。短期の視点が台頭する今，長期の視点の重要性の再認識を主張。歴史学研究の流れから，膨大な史料データ対応の最新デジタル歴史学の成果までを本書に

杉山博久

93 **直良信夫の世界**

20世紀最後の博物学者

2016 ＊430-8 四六上製 300頁 ￥2500

考古学，古人類学，古生物学，現生動物学，先史地理学，古代農業……。最後の博物学者と評されたその研究領域を可能な限り辿り，没後30年に顕彰。「明石原人」に関わる諸見解も紹介し，今後の再評価が期待される

永田陽一 野球文化學會学会賞受賞

94 **日系人戦時収容所のベースボール**

ハーブ栗間の輝いた日々

2018 ＊439-1 四六上製 210頁 ￥2000

「やる者も見る者もベースボールが本気だった」カリフォルニアから強制立ち退きでアメリカ南部の収容所に送られた若者たち。屈辱の鉄条網のなかで生き延びるための野球に熱中，数千の観衆を前に強豪チームを迎え撃つ

三佐川亮宏

95 **紀元千年の皇帝**

オットー三世とその時代

2018 ＊437-7 四六上製 430頁＋カラー口絵２頁 ￥3700

その並外れた教養と知性の故に，「世界の奇跡」と呼ばれた若き皇帝。彼の孤高にして大胆な冒険に満ちた儚い生涯と，「紀元千年」の終末論の高揚する中世ローマ帝国の世界に，今日のヨーロッパ統合の原点を探る旅

山﨑耕一

96 **フランス革命**

「共和国」の誕生

2018 ＊443-8 四六上製 370頁 ￥3000

「革命前夜のフランスの状況」から説かれる本書。１冊で，「革命」とは何か，複雑なフランス革命の諸々の動きと人々の生き方，共和国の成立からナポレオンの登場，帝政の開始までの，すべてを理解できる革命史が完成

ヒュー・ボーデン／佐藤昇訳

97 **アレクサンドロス大王**

2019 ＊442-1 四六上製 234頁 ￥2300

歴史の中に浮び上る真の姿。「西アジアで発見の重要文書から，アレクサンドロスは基本的に「西洋的な人物」であると考えなくなる」と，著者。最新の研究成果を踏まえ旧来のアレクサンドロス像に異議を唱えた入門書

トーマス・W.アルフォード／中田佳昭・村田信行訳

98 **インディアンの「文明化」**

ショーニー族の物語

2018 ＊438-4 四六上製 300頁 ￥3000

小さな部族のエリートが「白人的価値」と「インディアンの価値」の中で苦悩し翻弄されながら，両者の懸け橋を目指して懸命に生きた姿。アメリカ白人社会への強制的同化を受け入れ生き残る ⇒ 現代社会への問いかけ？

青木 健

99 **新ゾロアスター教史**

古代中央アジアのアーリア人・中世ペルシアの神聖帝国・現代インドの神官財閥

2019 ＊450-6 四六上製 370頁 ￥3000

10年前の本邦初の書下ろし（本全書79巻）が既に品切れて，全面改稿！ 最新の研究成果と巻末に詳細な日本におけるゾロアスター教研究の現状を記録。旧版の良さを生かしながら，本来の諸言語の音を取り入れる

森田安一

100 **スイスの歴史百話**☆

2021　＊462-9　四六上製　310頁　￥2700

ヨーロッパの中央に位置するスイスの歴史は，周囲の大国との関係を無視して語ることはできない。あえて，いやむしろスイスから語った百遍の歴史エピソードから，連綿と続くヨーロッパの物語を浮かび上がらせた

永田雄三

101 **トルコの歴史〈上〉〈下〉**☆

2023　〈上〉＊479-7〈下〉＊480-3　四六上製　291頁　323頁　￥2700

世界でも傑士のトルコ史研究者渾身の通史。匈奴，突厥などモンゴル高原から中央ユーラシアへ展開した騎馬遊牧民の一部トルコ系民族が，西へ移動。民族性を保持しつつ移住先文化と融合，洋の東西に展開した壮大な歴史

シュテフェン・パツォルト／甚野尚志訳

102 **封建制の多面鏡**☆

「封」と「家臣制」の結合

2023　＊475-9　四六上製　210頁　￥2700

わが国ではまだ十分に知られていない欧米最新の封建制概念を理解する入門書。中世ヨーロッパ各地で多様な形で出現し,「多面鏡に映るがごとくに」異なる像を形成してきた近代に至るまでの「封建制」概念に迫る

桜井万里子

103 **古代ギリシア人の歴史**

(2023年11月刊行予定)

2023　＊445-2　四六上製　400頁予定　￥3500

〈歴史・民族・文明〉

刀水歴史全書 90

アステカ王国の生贄の祭祀 血・花・笑・戦

2015年8月18日　初版1刷発行

2023年7月29日　初版3刷発行

著　者　岩崎　賢

発行者　中村文江

発行所　株式会社　刀水書房

〒101-0065　東京都千代田区西神田2-4-1　東方学会本館

TEL 03-3261-6190　FAX 03-3261-2234　振替00110-9-75805

組版　MATOI DESIGN

印刷　亜細亜印刷株式会社

製本　株式会社ブロケード

 ISBN978-4-88708-423-0　C1314

《著者紹介》

岩崎賢（いわさき　たかし）

1972年佐賀県唐津市に生まれる。2005年，筑波大学大学院（博士課程）哲学・思想研究科を修了。博士（文学）。現在，神奈川大学外国語学部準教授

専攻：宗教学，メソアメリカ宗教史，ラテンアメリカ地域研究

［おもな業績］

“Man-god”, in, David Carrasco, ed., *The Oxford Encyclopedia of Mesoamerican Culture,* vol.2, Oxford University Press, 2001, pp. 163-164.「メキシコ革命と大地母神の神話」，松村一男・山中弘編『神話と現代』リトン，2007年，401-423頁。「アステカの宗教」，井上順孝編『世界宗教百科事典』丸善出版，2012年，702-703頁